한스미디어

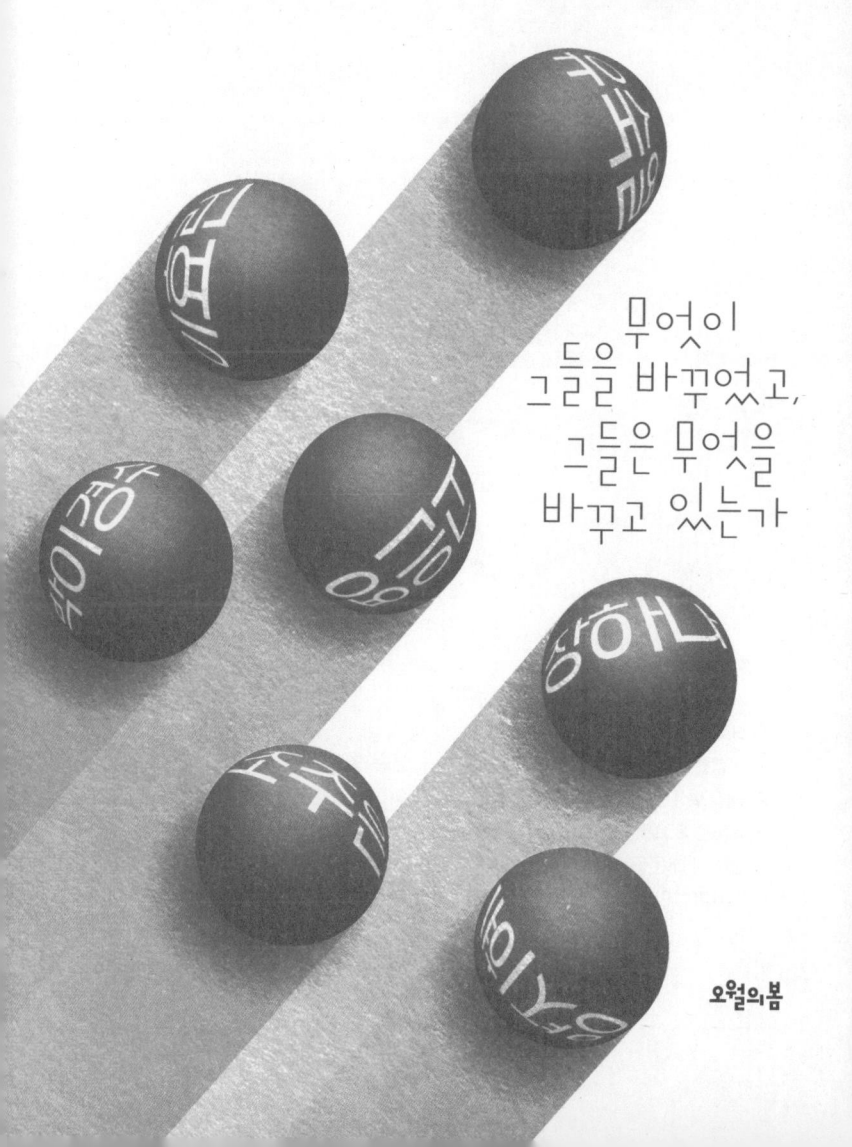

페미니스트 비긴스

무엇이
그들을 바꾸었고,
그들은 무엇을
바꾸고 있는가

오월의봄

일러두기

1. 단행본, 잡지, 신문 등은 《 》, 논문, 기사, 영화, 연극 등은 〈 〉로 표기했다.

2. 대괄호(( )) 안에 있는 것은 인터뷰이의 이야기를 설명하기 위한 저자의 글이다.

3. 3장은 2018년, 2019년에 저자가 진행한 현 채계순 대전광역시의원과
   반성매매운동 당사자 활동가 ○ ○ ○ 씨의 인터뷰, 2020년에 발간한
   (사)여성인권티움의 10주년 책자 《이건 내 싸움이다》의 도움을 받았다.

더 가까이 오라. 페미니즘이 당신의 삶과 우리 모두의 삶에 어떤
영향을 미치고 어떤 변화를 일으키는지 지켜보라. 더 가까이 오라.
와서 페미니즘 운동이 진정으로 어떤 것인지 직접 살펴보라.
더 가까이 오라. 그러면 당신은 알게 될 것이다. 페미니즘은 우리
모두에게 좋은 것임을.

—벨 훅스*

* 벨 훅스, 《행복한 페미니즘》, 박정애 옮김, 큰나, 2002, 13쪽.

페미니즘, 고통에 말을 걸어주는 행위

"수도꼭지는 밤새 안녕하신가?" 초등학생 때였을 것이다.
친구들은 교실 문을 열고 들어와 의자에 막 앉으려는 나를
향해 가끔 짓궂게 말을 걸었다. 어느 순간 펑펑 눈물을
흘리는 내 모습이, 수도꼭지 같다 해서 붙은 별명이었다.
대개는 타인의 고통을 마주해야 할 때, 예를 들면 오락실에
갔다는 이유로 반 친구들 앞에서 선생님께 심하게 매를
맞고 있는 친구의 모습을 바라보고 있어야 할 때 슬그머니
수도꼭지는 열렸다. 울지 않으려고 애써도 자꾸만 눈물이
볼을 타고 내려왔다. 나중에는 감정이 복받쳐 어깨까지
들썩이며 흐느꼈다.

"왜 울어?"

짝꿍은 휘둥그레진 눈동자를 치켜뜨며 속삭였다.

"슬퍼서. 얼마나 아프겠냐."

"그러니까 오락실을 가지 말았어야지."

짝의 꽉 다물어진 입 매무새에서 단호함이 묻어났다. 나는 그만 입을 닫고 말았다.

'너무 심하잖아. 그렇게까지 때려야 해?'

내뱉지 못한 말이 소용돌이를 일으켜 마음을 어지럽혔던 기억이 난다.

연민이라고 말하기에는 뭔가가 부족했다. 이거구나, 하고 무릎 칠 언어가 부재했다. '때려서라도 훈육한다'는 사회풍토가 무겁게 드리워져 있었다. 고통을 목격하는 걸 힘들어하던 나 같은 사람이 할 수 있는 일이라곤 눈물을 흘리는 것뿐이었다.

누가 때리고, 누가 맞는가. 권력 구조를 문제 삼고 싶었다는 걸 깨달은 건 꽤 시간이 흐른 후였다. 알 수 없는 힘에 이끌려 페미니스트가 된 후, 동그랗게 원 모양으로 만들어진 강의실 책상 안쪽에 가지런히 놓인 의자에 앉아, 이중 삼중의 짐을 등에 얹고 살아가는 여성들의 삶을 듣고 있노라면, 선생님에게 심하게 맞던 친구의 모습이 오버랩됐다. 불법촬영물 피해자를 인터뷰하던 순간에도 친구의 모습이 그 피해자의 얼굴 위에 어른거렸다.

폭력 피해자로 살아가는 사람들을 오랜 시간 만나오면서, 이들을 힘들게 한 권력 구조가 여간해서 꿈쩍하지 않는다는 걸 알게 되었다. 압사 직전까지 짓눌러 숨통을 끊어버리게 할 수 있는 위력은 고통스러워하는 사람에게 말을 걸어줄 때 비로소 바뀌는구나, 깨달았다. 그런 의미에서 페미니즘은 고통에 말을 걸어주는 행위다. 여성학자 벨 훅스가 말한 대로 페미니즘은 모두를 위한 것이며, 그러하므로 모두의 행복을 향해 달린다.

자신의 고통을 넘어서 다른 이의 아픔에 말을 걸어준 다양한 페미니스트의 이야기를 소개하기 위해 책을 썼다. 말하자면 페미니스트들의 생애사다. 이들이 아팠던 이유는 남성 중심 사회와 맞닿아 있다. 이들은 어떻게 고통을 극복해갔는가. 그리고 사회에서 촉발된 아픔에 침묵하지 않고 발화한 여성들에게 어떻게 말을 걸며 나아갔는가. 독자들은 한국사회를 강타한 여러 종류의 여성 문제들을 인터뷰이의 삶 속에서 생생하게 목격하게 될 것이다.

책을 쓴 이유는 분명하다. 메갈리아 논쟁과 '#나는 페미니스트입니다' 인증. 뒤이어 발생했던 강남역 시위, 미투운동에 이르기까지. 페미니즘 격발이라고 불리는 시대에, 페미니즘이 무엇이며 어떻게 누군가의 삶과 세상을 바꾸는지 생각해보고 싶었다. 더 나아가 지난 30년간 페미니즘이 다룬 이슈를 페미니스트의 삶을 통해 그려내고 싶었다. 말하자면 페미니즘의 지형도를 만드는 거였다. 하지만 퀴어 페미니즘에 대해서는 다루지 못했다. 이 한계는 다음번 과제로 남긴다. 독자 여러분들의 이해를 부탁한다.

바쁜 일정에도 인터뷰에 응해준 일곱 명의 인터뷰이 고은영, 박이경수, 유숙열, 양지혜, 이효린, 장하나, 조주은에게 감사하다. 이들은 나이도, 살아온 환경도 다르다. 다만 이들을 페미니즘으로 이끌고 간 어떤 공통의 강력한 동기가 있었다. 그들이 서 있던 환경에 따라 차이는 있었으나, 바로 이곳에서 살아가고 있는 여성으로서의 경험이 그들을 페미니즘으로 이끌었다. 그리고 여성으로서 겪은 그 고통스러운 경험들이 페미니즘과 만나 세계를 바꾸는 행동으로 나아가게 하는 힘이 되었다. 이들에게 페미니즘은 타인의 고통에 말을 거는 일이자, 지배의 언어를 바꾸는 일이었다. 이들이 뿜어내는 강한 에너지를 목도하게 될 것이다.

책을 내기까지 많은 분들의 도움이 있었다. 먼저 하나님께 감사드린다.

페미니스트들의 삶을 통해 우리 페미니즘의 계보를 그려보고, 페미니즘을 나아가게 하는 힘을 보여주고 싶다는 제안에 '그러자'고 답해준 박재영 오월의봄 대표에게도 감사를 표한다. 그가 보여준 열린 마음을 오랫동안 잊지 못할 것이다.

책을 만들어가는 모든 과정을 함께한 편집자 이정신에겐 많은 빚을 졌다. 그의 친절한 태도가 이 책의 완성도를 높이는 데 도움을 주었다.

이 책을 쓰는 동안 엄마의 작업에 관심과 지지를 보여준 큰딸 수민에게 감사하다. 애교와 금쪽같은 말로 쉼을 주었던 막내딸 수경과 조카 정현에게 사랑을 전한다.

힘들었던 시기에 고령사회를 위한 대전여성모임 생애사 수업에서 만나 '콩 한 쪽도 나눠 먹는 마음'을 보여주신 이춘아, 전숙희, 김영미, 최공숙, 양혜숙, 권경한 선생님께도 감사의 마음을 전한다.

마지막으로 글 쓰는 딸을 자랑스러워하시는 아버지, 어머니에게 존경과 사랑을 표한다. 지금 너의 일이 하나님이 주신 사명이라고 말씀해주시는 부모님이 안 계셨다면 지금의 내 모습은 없었을 것이다. 끝없는 사랑이 무엇인지 보여주신 나의 부모님께 이 책을 바친다.

차례

1장

엄마를 위한 변명

유숙열

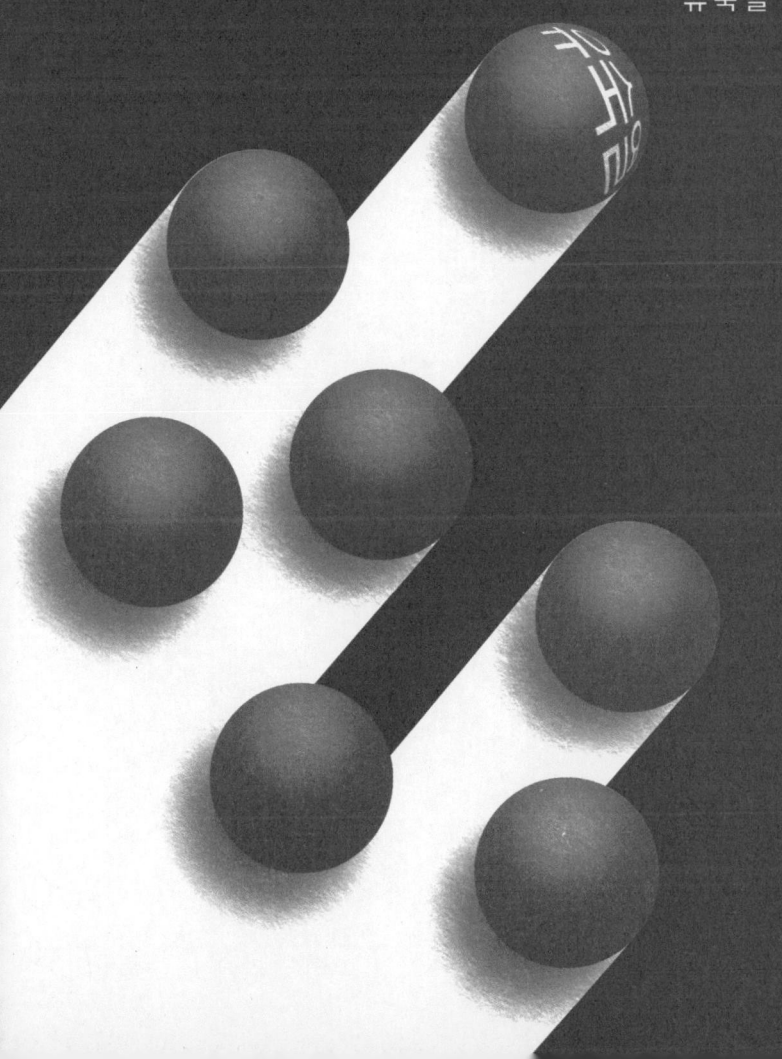

"내가 어렸을 때 할머니가 내 손을 꼭 잡고 시조를 읊었어. 충신은 두 임금을 섬기지 않고, 열녀는 두 남편을 섬기지 않는다고."

유숙열은 "키워주신 아버지와 성이 다르다"라고 고백했다. 할머니는 동네에서 호랑이로 소문이 자자한 분이었다. 하지만 며느리가 데려온 다섯 살 딸아이를 예뻐했다. 그가 유년시절을 행복하게 기억하는 데는 할머니 사랑도 한몫했다.

아버지와 나는 왜 성이 다를까

불행은 도둑처럼 찾아왔다. 유숙열이 국민학교에 입학할 무렵이다.

"아버지와 나는 성이 왜 달라?" 오른손에 연필을 쥐고,
큼지막하게 이름 쓰는 연습을 하다가 어머니에게 물었다.
아버지는 심씨인데 자신은 유씨인 게 이상했다.

"숙열이가 건강하게 자라려면 이 성을 써야 한단다."
어머니는 말했다. 모녀 사이에 거북한 침묵이 흘렀다.
유숙열은 "침묵의 의미를 알아가는 과정, 그게 내
학령기였다"라고 덧붙였다. 국민학교를 입학하고 며칠
지나지 않은 어느 날, 그만 앓아누웠다. 의사는 늑막염이라고
말했다. "늑막염 말고도 두 가지 병에 더 걸렸어요. 아버지랑
왜 성이 다를까 고민하느라 생긴 병이었어."

그는 "지금도 생생하게 떠올리는 장면이 있다"고 했다.
매년 4월이 되면 학교에서 가정환경조사를 했다. 부모가
친부나 친모가 아닌 학생은 손을 들라고 했는데, 유숙열은
그때마다 단 한 번도 손을 올려본 적이 없다. "나를 키워주신
아버지가 이천에서 유명한 한의사였어요. 그러다보니 지역
사람들이 내가 심진섭한의원네 부인이 데려온 아이라는
것을 에브리바디 다 알았어."

손을 안 들고 앉아 있던 자신의 얼굴 위로, 선생님과
아이들의 눈길이 불볕처럼 쏟아지는 것 같았다.
지역사회에서 죽은 아버지 성을 계속 달고 살아야 하는 건
부끄러운 일이었다.

유복녀였던 그는 친부를 몰랐다. 그를 먹이고 입히고 가르친 분은 계부였다. 새아버지는 저녁마다 유숙열을 데리고 영화관에 갔다. 어린 딸과 친해지려고 다분히 노력했다. 심진섭한의원의 영업이 끝나면, 마을 사람들은 으레 '원장님이 딸아이를 데리고 극장에 가시겠군' 생각했다. 상고머리이발소란 동네 이발관에도 함께 다녔다. 하지만 새아버지와 함께하는 일은 뭐든 싫었다. 아버지는 심씨, 그는 유씨. 굳이 함께 다녀 의붓딸이란 사실을 기억나게 하고 싶지 않았다.

"새아버지가 야단 한번 쳐보신 적 없을 정도로 굉장히 잘해주셨어요. 그런데도 성이 다르다는 이유로 온전히 아버지로 못 받아들였어. 나이가 먹어갈수록 왜 이래야 하나 싶더라고. 굉장한 모순처럼 느껴졌지. 그런데도 어쩔 도리가 없는 거야. 본질적으로 내 인생 최고의 숙제였어요."

그는 공문서 공포증이 있었다. 아버지와 성이 다른 자신을 계속 세상에 비추며 살았던 탓이다. 유숙열은 "에피소드가 있다"고 말했다. 대학교 입학 첫날이었다. 마지막 수업이 끝나자마자 학과 조교가 앞으로 나와 학생들에게 호적등본을 꼭 제출하라고 당부했다. 유숙열은 호적등본을 제출해야 한다는 이야기를 들은 뒤부터 마음이 뒤숭숭했다. 두려운 마음 탓에 호적등본 떼러 가는 걸 미루고 미루다, 서류 제출 기한 마지막 날에서야 면사무소에 갔다. 도착한 뒤에도 문을 못 열고 그 앞에 우두커니 섰다. 마음을 단단히 먹고 문을 열고 들어갔지만 한동안 입을 못 떼고 머뭇댔다. 겨우 모기만한 목소리로 "호적등본 한 통을 발급해달라"고 요청했다. 서류를 건네받고도 들여다볼 용기를 못 냈다. 숨을 크게 내뱉은 뒤 등본 맨 위 칸을 간신히 쳐다보았다. 가슴이 방망이질 쳐대 '호주 유인영'이란 다섯 글자를 보고는 그 아래 칸들을 가득 메운 내용은 바라보지 못했다. 그 후로 아버지 이름을 써야 할 때, '유인영'이라고 썼다. 그 이름이 할아버지 성함이란 걸 나중에 알았다. 남계혈통을 통해 승계되는 호주제 때문에 재혼한 처가 데려온 아이는 입적이 안 됐다. 유숙열은 계부의 호적에 들어가지 못하고 친할아버지 호적에 남겨져 있었다. 할아버지가 돌아가시고 친아버지가 살아계셨다면 호주는 친부였을 것이다. 유숙열의 아버지는 할아버지보다 먼저 돌아가셨다. 호주가 아버지를 말한다고 생각했던 유숙열은 할아버지 이름을 아버지 이름으로 알고 살았다. 아버지 이름을 몰랐던 그가 호주제 탓에 겪은 일화다.*

* 호주제는 호주(戶主)를 기준으로 가족 구성원들의 출생·혼인·사망 등의 신분 변동을 기록한 제도다. 남계혈통을 통해 승계됐기 때문에 호주 승계 순서를 장남→기타 아들→미혼의 딸→처→어머니→며느리 순으로 정해놓았다. 호주제는 남아선호 사상을 부추기고, 가족관계를 한 사람의 가장(호주)과 그에 복속하는 가속으로 분리하는 권위주의적 관계로 만든다는 이유로 2007년 12월 31일까지 유지되고 폐지됐다.

내 이름은 야광초

유숙열은 어릴 때부터 책을 뜯어 먹고 살았다. 학교 수업을
마치면 시내에 있는 삼성서림으로 달려갔다. 그 사이에
몇 번이나 바지 주머니에 손을 집어넣었다. 아버지가
주신 20원이 만져질 때마다 자신도 모르게 입이 귀에
걸려 더 속력을 내달렸다. 삼성서림. 하얀 바탕에 검은
글씨가 멋들어진 서점 간판은 멀리서도 잘 보였다. 미닫이
문을 열고 들어가면 가게 주인은 반갑게 맞아줬다. 서점
중앙에는 '20원에 2권'이란 안내문이 붙어 있었다. 매일 두
권씩 빌려 읽었다. 아버지에 대한 마음이 실타래처럼 엉켜
있었다. 그는 그런 감정 속에서 책과 더불어 공상의 세계를
쌓았다.

"아무튼 별짓 다 하면서 책을 봤어. 옷장 속에 들어가 플래시
불로 비춰가며 읽기도 하고. 엄마가 들어와서 자라고
할까봐 방문에다 군용 담요를 막아놓기도 하고. 거기
들어가서 플래시로 보기도 하고."

'네홀류도프' 같은 어려운 러시아 이름이 나오면 그냥
넘어가면서 마지막 페이지까지 읽어냈다. 밤늦게까지
소설책을 뜯어 먹는 그를, 친구들은 야광초라고 불렀다.

국민학교 시절, 《소년한국일보》를 구독했다. 당시 한국의
GNP가 80불 수준이었다. 평범한 어린이의 삶은 아니었다.

유숙열은 《소년한국일보》에 연재됐던 만화 칼 토마슨 앤더슨의 〈헨리〉와 칙 영의 〈블론디〉를 좋아했다. "이벤트에 응모해 〈헨리〉 만화책을 받고 뛸 듯이 기뻐했던 기억이 난다"며 웃었다.

중학교에 가서도 책 사랑은 여전했다. 특히 신문 연재소설 읽는 재미에 아침 일찍 일어났다. 당시 일간지에 인기리에 연재되던 이야기가 궁금해 일어나자마자 허겁지겁 신문을 들여왔다. 아버지가 일고여덟 개 신문을 구독했는데, 아버지 옆에 앉아 신문을 들춰가며 연재소설을 찾아 읽었다. 특히 소설가 김훈의 선친 김광주 씨가 1968년에 쓴 《비호》를 좋아했다. 유일하게 읽은 무협 소설이다. 《동아일보》에 연재됐는데 매일 씹어 먹듯 읽었다. "신문이 세상으로 향한 창이었지."

어린 시절을 말하는 게 신났는지 들떠 보이던 그가, 눈이 침침하다며 안경을 꺼내 썼다. 국민학교 때부터 눈이 나빴는데, 어릴 적에는 안경을 못 썼다는 말을 덧붙였다. 할머니가 "안경 쓴 여자는 재수가 없다"고 못 쓰게 했다. "여성혐오 발언인데 당시에는 그런 말을 하는 사람이 많았어요." 잘 안 보여서 늘 눈을 찡그리고 다녔다. 그의 행동을 이상하게 여긴 중학교 미술 선생님이 콘택트렌즈라는 게 있다고 알려주셨다.

"선생님이 첨단이셨지. 반장이라는 애가 맨날 이러고 찌푸리면서 보니까, 공 안과까지 데려가서 렌즈를 껴보게 했어요. 당시에는 콘텍트렌즈를 취급하는 데가 공 안과 말고는 없었어요. 공 안과가 유명한 안과죠. 지금까지도요. 렌즈를 껴봤는데 눈이 탁 트이더라고. 별게 다 보이고."

책을 좋아한 사람에겐 당연한 수순이었을까? 고등학교 2학년이 되던 해, 그는 단편소설을 썼다. 문학을 좋아하는 친구들과 동인지를 만들었는데, 거기에 소설을 실었다. 동인지 이름은 《데블》이었다. 책을 등사판에 새겨 찍던 시절, 여섯 명이 십시일반해 인쇄비를 마련했다. "잡지를 선생님들께 나눠드리면서, 작가가 된 양 우쭐하던 기억이 난다"고 웃었다.

친구들 사이에서 소위 '센 척'하는 행동도 자주 했다. 악녀로 불리길 자청했다. 무언가 드러내고 싶은 기운이 들끓었다. 현모양처를 여자 인생의 최고 목표로 여기던 시절, 사회 통념대로 세운 도열을 빠져나오려 애썼다. "다른 세상이 있다"고 말해줄 어른이 절실했다. 하지만 아무리 눈을 씻고 찾아봐도 보이지가 않았다. 현모양처로 행복하게 살 수 있을까, 의구심이 들었던 그에겐 답답한 일이었다. 눈을 감고 다른 세상을 간절하게 바랐다. '대학에 가면 달라질거야' 되뇌며 어두운 터널을 걸어나갔다.

건강을 무너뜨리는 가부장제

그즈음에 아버지 재산을 두고 가족 간에 큰 싸움이
벌어졌다. 전실 자식들이 어머니가 재산을 빼돌리려고
한다고 야단을 부렸다. 남 말하기 좋아하는 사람들은
계모가 전처 자식과 싸움질한다고 나발을 불었다. 극심한
스트레스 탓에 어머니가 쓰려져 병원에 실려갔다. 유숙열은
"엄마가 치료를 받게 되신 게 큰 상처였지. 그날을 잊을
수가 없어요. 나는 정신건강이 무너지는 게 가부장제사회
탓이라고 생각해요"라고 말했다. 그가 발 딛고 서 있는
현실은 여성에게 기울어진 운동장이었다. 그게 괴로워 책을
뜯어 먹고 자란 그가, 여성 문제를 전문적으로 다룬 한국
최초의 기자가 된 건 당연한 일이었다.

다행히 어머니는 금방 건강을 회복했다. 그도 고등학교를
졸업하고 대학생이 되었다. 유숙열은 서강대학교 독문과에
입학했다. 하지만 대학생활은 생각했던 것과 달랐다.
그가 대학을 다니던 1970년대는 격동의 시대였다.
1970년 11월13일 봉제공장 재봉사로 일하던 스물두
살 청년 전태일이 평화시장 앞에서 근로기준법 준수를
외치며 온몸에 휘발유를 끼얹어 불을 질렀다. 전태일의
죽음은 5·16 군사 쿠데타로 정권을 잡은 박정희 독재의
서슬 아래 숨죽였던 대학가에도 파문을 일으켰다. 특히
전태일이 근로기준법을 공부하려고 어려운 법학 전공서를

읽어가다가 '내게도 대학생 친구 하나 있었으면!' 하고
한탄했다는 내용의 일기가 알려지면서 동년배 대학생들은
충격을 받았다. 전태일의 죽음 이후 각 대학에서 추도식과
시위가 들불처럼 퍼졌다. 게다가 유숙열이 대학에 입학했던
1972년에 박정희 정부의 유신체제가 들어섰고, 73년에는
일본을 방문한 김대중을 중앙정보부에서 납치한 사건까지
벌어졌다. 대학에서는 유신체제 반대운동이 본격화됐다.
하지만 유숙열은 이런 분위기에 적응하지 못했다.

"나는 운동권이 아니었어요. 운동에 뛰어들 정도의
열정 같은 게 내게 없었어. 왜냐하면 아버지와 성이
다른 딸이라는 상처가 워낙 어릴 때부터 뿌리 깊게 박혀
있다보니까 내면에 에너지가 없었지. 개인 문제 때문에
현실이 우울했던 대학생. 바로 그게 딱 내 모습이었어요."

기대를 가지고 들어갔던 대학에서 적응을 못 하자 몸에
이상 신호가 왔다. 유숙열은 정신적으로 힘들 때마다
심하게 아프곤 했다. 벚꽃이 흐드러지게 피던 대학
1학년 4월에도 그랬다. 느닷없이 발에 두드러기 같은 게
생겼다. 서둘러 약국에 가 연고를 사 발랐다. 이상하게
피부병은 점점 심해졌다. 걸을 수 없을 정도로 악화됐다.
통과의례처럼 앓아누웠다. 목발을 쥐고 학교에 다니면서
힘들어 그만 휴학하고 싶었다. 다행히 시간이 흘러
자연스럽게 건강은 회복됐다.

외로웠다. 강의도 시들하게 느껴지고, 데모에 뛰어들
마음도 안 생기고, 도무지 뭐 하나 마음을 사로잡는 일이
없었다. 선물과 같던 만남이 없었다면, 피워보지도 못하고
시들어버린 꽃처럼 살아갔을지 모른다.

바람을 쐬러 나갔던 외출. 우연이라고 하기에는 설명이
안 되는 기적 같은 만남. 중학교 미술 선생님과의 만남이
그랬다. 종로 세운상가에서 마주친 선생님은 단박에 그를
알아보고 끌어안았다. 반가운 마음에 제자의 등을 계속
쓰다듬었다. 교사를 그만두고 화실을 운영하던 선생님은,
하숙을 하던 그에게 자신의 집에서 지내라고 권했다.
마음을 어디에 둬야 할지 몰라 방황하던 그는, 그대로
눌러앉았다.

선생님은 병아리를 보듬는 어미 닭 같은 분이었다. 옆에
있으면 에너지가 느껴졌다. 너그럽고 인자한 성품 덕에
화실을 졸업하고 대학생이 된 뒤에도 선생님을 뵈러
매일 집으로 찾아오는 제자들이 있을 정도였다. 이들과
함께 꿀벌들처럼 몰려다니며 유숙열은 젊은 시기에 누릴
수 있는 인생의 달콤함을 맛보았다. 유숙열에게 뿜어져
나오던 특유의 쾌활함이 친구들과 하모니를 이루며 빛나던
시기였다. 하지만 가끔 이유를 알 수 없는 갈증을 느끼곤
했다. 성이 다른 딸로 살아가는 일이 부끄러운 게 아니라는
인식을 하지 못하는 데서 오는 갑갑함이랄까. 시간이 더

흘러야 해결될 문제였다. 아직은 자신을 온전히 들여다보지 못했다. 성숙한 그를 만나기 위해서는 조금 더 시간이 필요했다.

기자가 되다

"당시 70년대 여대생들은 남자를 구하는 게 최고의 목표였어요. 겉으로 내놓진 않아도 남자랑 여자랑 다 속으론 그렇게 생각했어요. 결혼하면 끝이라고."

다른 삶을 살고 싶었던 그가, 졸업하던 해에 잡지사 기자가 되려고 시험을 본 건 잘할 자신이 있어서였다. 기자는 어릴 때부터 인쇄매체를 끼고 산 그에게 딱 맞는 직업이었다.

어릴 때부터 막연히 기자가 되길 꿈꿨다. 그런 그에게 어른들은 "안 될 소리"라고 했다. 기자는 남자들의 직업이란 생각이 팽배했다. 하지만 유숙열은 어릴 때 꿈꾸었던 대로 1976년에 잡지사 기자가 됐다. 그가 잡지를 처음 본 건 중학교 1학년 무렵 친구 집에서였다. 언니가 보는 거라며 건네주었던 잡지에 마음을 빼앗겼다. 매일 놀러 가 잡지를 쌓아놓고 보았다. 어린 시절부터 신문을 즐겨보던 그에게 잡지는 매력적인 매체였다. 잡지사 기자란 옷이 그에게 잘 맞았다.

경력이 쌓이면서 더 넓은 세상을 취재하고 싶다는 마음이 울렁댔다. 그는 1978년에 직장을 옮겨 합동통신에 입사했다. 합동통신은 1945년 국제통신과 연합통신을 합병해 만든 민영 종합통신사다. 한국 최초로 사진을 전송하고 해외에 특파원을 주재시킨 이름 있는 통신사였다. 진실을 전하는 것에 가장 큰 가치를 뒀던 합동통신에서 유숙열은 언론인으로서의 자세를 배웠다. 사회문제에 관심이 없던 그가 합동통신 기자가 되면서 차츰 눈을 뜨기 시작했다. 특히 1979년에 박정희가 중앙정보부장이던 김재규에게 저격당한 10·26 사태가 일어났을 때, 기사에 대통령 유고라고 나오는데 정신이 번쩍 났다.

"내가 초등학교 1학년 때였던 1961년 5·16 군사 쿠데타가 났어요. 그러니까 그 후로 대통령이 박정희 하나였는데, 그 대통령이 암살당했다니까 내가 역사 안에서 살고 있다는 생각이 들었죠."

길고 긴 유신 독재가 끝났다는 기쁨도 잠시, 같은 해 전두환 등 하나회를 중심으로 한 신군부가 12·12 군사반란을 일으켜 군부를 장악했고 실권자로 떠올랐다. 1980년 초부터 보안사령관 전두환은 언론을 조종하고 통제하기 시작했다. 전두환은 같은 해 4월 14일, 중앙정보부장 서리에 임명돼 대한민국 내의 정보기관을 모두 장악했다. 바람 앞의 촛불 같은 상황이었다. 정당성을 얻을 수 없었던 신군부는 소름끼치는 공포를 조장해 국민을 찍어 눌렀다. 이러한 때 합동통신 김태홍 기자를 중심으로 한국기자협회 집행부가 만들어졌다. 기자들이 사회정의에 관심을 두기보다 자신들의 안위를 위해 유신체제를 옹호했다는 자기 반성에서 시작된 활동이었다.

1980년 5월부터 정치에 관여하려는 신군부의 움직임에 대한 반발로 전두환 퇴진을 요구하는 학생 시위가 발생했다. 5월 13일, 서울 지역 7개 대학이 철야농성에 돌입했다. 한국기자협회는 신군부를 좌시할 수 없다며 5월 16일, 운영위원과 분회장, 대의원 연석회의를 열고 선언문을 채택했다. 주요 내용은 계엄 당국의 보도검열 즉각 철폐였다. 보도 지침 탓에 진실이 제대로 보도되지 못한다는 것이었다. 한국기자협회는 "국민들은 사실을 접하지 못하고 신군부의 입맛에 맞게 왜곡된 보도만을 접하고 있다"며 신군부를 비판했다. 동시에 "언론계 내부에 아직껏 온존하고 있는 유신 잔재와 그 세력을 일소하기 위해 끝까지 투쟁하겠다"고 밝혔다. 상황은 급박하게 돌아갔다. 민주화를 요구하는 목소리가 광주와 전남 일대에서 터져나왔다.

신군부의 탄압은 더욱 거세졌다. 1980년 5월 17일, 급기야 비상계엄이 전국으로 확대되고 계엄포고 10호가 발효됐다. 미리 작성된 검거 대상자 명단에 따라 신군부 집권에

방해가 될 수 있는 학생운동권과 재야 민주화 인사 등을
체포했다. 김대중은 학생, 노조의 소요를 배후에서 조종한
혐의로 수경사 헌병단에 의해 체포됐다. 당초 신군부는
김대중이 북한의 사주를 받아서 소요를 사주했다는 식으로
몰아가려 했으나 5월 18일, 광주가 신군부에 항거하자 이를
이용해 김대중이 내란음모를 획책했다고 몰아붙였다.[*]
신군부는 제작검열 거부 운동을 일으킨 언론계를 '김대중
내란사건'에 엮으려고 난리였다. 이 참에 신군부에 비판적인
언론계 인사를 찍어낼 속셈이었다. '지명수배자'라며 김태홍
한국기자협의회 회장 얼굴이 텔레비전 뉴스에 나왔다. 그날,
유숙열은 회사 선배였던 김태홍의 전화를 받았다. 그는
은신할 곳을 마련해줄 수 있냐고 물었다.

"역사 속에서 내가 무엇을 해야 할까 고민하던 때였어요.
이것이 지금 내가 할 일이구나 생각했어요." 유숙열은
김태홍을 친구 화실에 숨겨준 이유를 이렇게 말했다.

수사관은 그가 나타나지 않을까 감시하려고 매일
합동통신에 왔다. 김태홍이 사용하던 책상 의자에 하루
종일 죽치고 앉아, 눈을 부라리며 사람들을 쳐다봤다. 다른
수사관들은 그를 잡으려고 선후배들의 거처를 이 잡듯
뒤졌다. 그야말로 눈에 불을 켜고 찾았지만, 바로 옆자리에

[*] 고명섭, 《이희호 평전》, 한겨레출판사, 2016 참조.

앉아 있던 유숙열은 여자란 이유로 의심받지 않았다.

이근안과의 악연

1980년 7월 17일 새벽, 거칠게 문을 두드리는 소리가 났다.
문을 열어주자마자 여러 명의 사내가 다짜고짜 대문을
열어젖히고 들어왔다. 화실 친구가 하얗게 질려 옆에 서
있었다.

그들은 편한 옷으로 갈아입고 나온 유숙열에게 안대를 씌운
후 승용차에 태워 데려갔다. 남영동 대공분실이었다.

"김태홍 어디 갔어?"

처음엔 점잖게 기자 대접을 해주었다. 말을 안 하니
'년' 자를 붙여가며 욕을 했다. 머리를 욕조에 넣었다
뺐다 하면서 정신없이 취조했다. 순순히 응하지
않자 수사관들은 "너, 정말 이재문이 죽어 나간
방을 가야겠구나!" 버럭 소리를 질렀다. 이재문은
남조선민족해방전선준비위원회(이하 남민전)을 결성한
혐의로 1979년 사형 선고를 받은 민주화 투쟁 열사였다.
남민전 사건은 유신 말기의 최대 공안 사건이었다.

유숙열이 끌려간 남영동 대공분실은 애초부터 고문하기

쉽도록 지은 건물이다. 5층 맨 꼭대기 층(1983년에 7층으로 증축)은 16개의 조사실로만 꾸며졌다. 각 조사실에는 물고문을 위한 욕조가 세면대와 변기 옆에 설치됐다. 창문도 너비가 30센티미터에 불과한 미닫이창을 달았다. 출입문은 밖에서만 열렸다. 탈출을 막기 위한 장치였다. 벽과 천장에는 방음시설을 설치해 소리가 밖으로 새지 않도록 했다.

수사관은 유숙열을 이재문이 고문받았다는 515호로 데려갔다. 514호, 515호 두 조사실은 다른 조사실보다 갑절가량 큰 '특실'이었다. 이 특실은 고문 장치인 '칠성판'을 사용하는 데 용이했다. 칠성판은 나무판자를 잇대어 간이침대처럼 만든 것이다. 사람을 눕힌 뒤 가죽끈 다섯 개로 발목부터 가슴까지 묶을 수 있게 했다. 물고문이 수월하도록 칠성판을 세면대에 딱 맞는 높이로 제작했다. 물고문 직후에는 칠성판 위에서 바로 전기고문을 하기도 했다.

방 안에 들어가자 한가운데에 칠성판이 있었다. 그 위에는 버클이 놓여 있었다.

"올라가!"

그는 아무 말 없이 엎드렸다.

"돌아누워야지!"

조금 전 악을 쓰던 수사관이 또다시 소리쳤다.
가장자리에는 30~40대로 보이는 남자들이 몽둥이를
들고 서 있었다. 유숙열은 아무 생각이 나지 않았다.
그가 돌아눕자마자 재빨리 버클이 채워졌다. 얼굴에
수건을 뒤집어씌웠다. 육중한 남자 하나가 배 위에
올라탔다. 곧바로 물이 쏟아졌다. 물고문이었다. 숨이 막혀
헉헉거렸다. 물고문을 받으니 몸에서 이상 반응이 왔다.
한여름이었는데도 너무 추웠다. 담요를 몇 개 뒤집어써도
와들와들 떨렸다. 다른 수사관이 들어와 "얘 왜 이래?
전기했어?"라고 물었다. 옆에는 고춧가루를 탄 물이 3분의
2쯤 담긴 컵이 있었다. 가장 두려운 건 그다음에 무슨 일이
일어날지 모른다는 것이었다.

아침식사가 나왔다. 넘길 수가 없었다. 밥을 못 삼키는
유숙열에게 영양제라며 초콜릿 같은 알약 두 개를 주었다.
우유와 함께 먹으라고 다그쳤다. 점심식사로 순댓국이
나왔다. 먹을 수가 없었다. 변기에 모두 토해버렸다.
목구멍에서 붉은 액체 같은 게 섞여 나왔다. 피인 줄 알고
수사관들이 깜짝 놀랐다.

"얘 죽으면 큰일 나! 빨리 의사 불러!"

'이곳에서 보고 들은 일을 발설하지 않겠다'는 각서를

쓴 다음에야 의사는 유숙열을 진찰했다. 쇼크와 탈진이 같이 왔다고 말했다. 링거를 처방해주었다. 잠시 의사와 단둘이 남았다. 그는 유숙열을 찬찬히 살펴보더니 손을 잡아주었다. 자신을 지지해주는 것 같아 고마웠다. 링거를 맞고 수사관이 불러주는 대로 조서를 써야 했다. 이제 집에 돌아갈 수 있겠지 생각했다. 그런데 생리가 터졌다. 그때만큼 여자인 게 싫었던 적이 없었다. 할 수 없이 "아저씨, 저 생리 터졌어요"라고 말했다.

그 남자가 팬티와 생리대를 사다 주었다. "가게 가서 얼마나 창피했는 줄 아냐"고 호들갑을 떨었다. 나중에 알고 보니 그가 바로 악명 높은 '고문 기술자' 이근안이었다.

수사관이 불러주는 대로 조서를 쓴 유숙열은 서대문구치소로 이송됐다. 구치소에 들어서자마자, 간수도 수감자들도 대뜸 "통으로 들어왔지?" 물어봤다. "통이 뭐예요?"라고 물으니 "간통"이란 답이 날아왔다. 사기 같은 경제사범이나 간통으로 들어온 사람이 많았다. 간혹 살인범도 있었다. 구치소에는 수감자들 사이에 통용되는 불문율이 있다. 울면 안 된다는 것이다. 한 명이 울면 메아리처럼 사람들 모두 눈물을 흘리기 때문이다. 말 못하는 사연을 간직한 사람이 그만큼 많았다.

구치소에 있을 때, 화실 친구였던 남자 친구가 매일

찾아왔다. 직계가족밖에 면회가 안 됐는데도 그랬다. 와서
사회과학 서적을 한 권 넣어주고 얼굴도 보지 못한 채 갔다.

20일을 서대문구치소에서 보내고 기소유예로 풀려났다.
해직 기자였던 그는 재취업이 어려웠다. 매일 해직된
선배들과 술을 먹으며 울분을 토했다. 할 일이 없어 남자
친구가 사다주었던 사회과학 서적을 열심히 읽었다. 그러다
이이효재 선생의 《여성해방의 이론과 현실》을 우연히 읽게
됐다. 자신의 이야기 같았다. 페미니즘에 관심을 가지게
됐다. 1982년 대학교 때부터 사귀었던 남자 친구와 결혼한
유숙열은 기회가 되면 여성학을 공부하겠다는 기대를 품고
그해 남편과 함께 미국 유학길에 올랐다.

내가 들려줘야 할 언어

"행운이었지. 남편이 콜롬비아 대학에서 공부를 하기로
돼 있었거든. 그래서 뉴욕으로 갔고. 뉴욕에 있다보니
《미주조선일보》에서 일을 할 수 있었고. 또 뉴욕이
페미니즘의 본거지였고. 그러니까 내가 페미니즘을 만난 건
운명 같아."

그는 《미주조선일보》 기자로 일하면서 뉴욕에 있는
헌터칼리지에서 여성학을 공부했다. 총장부터 교수진에

이르기까지 페미니스트들이 운영하는 학교였다. 이 학교의
여성학 과정은 유명했다. 1984년, 유숙열은 첫 학기
수업이었던 '여성과 정치변화' 시간에 흑인 페미니스트
시인 오드리 로드를 만났다. '아마존 워리어'로 불리며
여성운동을 이끌었던 사람이다. 그의 강의에서 여성이
정치변화를 어떻게 이끌어왔는지 공부했다.

흔히 정치를 국가 혹은 정부의 활동으로만 생각한다.
하지만 정치란 배분, 권력관계까지를 포함한 개념이다.
누가 무엇을 언제 어떻게 갖느냐"의 문제다. 특히 오드리
로드는 경험을 말하는 것, 여성의 관점으로 해석하는
것을 강조했다. 두 가지를 병행할 때, 즉 빼앗긴 목소리를
찾아 여성의 관점으로 경험을 해석하는 언어를 찾을 때,
가부장제사회가 균열된다고 생각했다. 매 수업 시간마다
학생들은 경험을 고백하는 자작시를 발표했다. 자신의
목소리와 언어를 찾는 과정을 시 쓰기를 통해 경험했다.

유숙열은 영어 발표를 준비하느라 거의 초주검이 되어
있었다. 발표에 대한 스트레스 탓에 자다가도 벌떡벌떡
일어났다. 공포감이 심해 손에 진땀을 흘리며 생활했다.
"아시아 여성에 대해 발표하기로 했는데 내가 아시아
여성이잖아. 한국 여성이고. 그래서 내 이야기를 써야겠다
했는데, 어떻게 나를 전달해야 할까 고민을 많이 했어요."

더구나 그는 시라고는 써본 적이 없었다. 치열하게 붙들고 늘어진 끝에 영어로 〈황인종 여성의 시(Poem By A Yellow Woman)〉라는 시를 썼다. 수업 시간에 발표했다.

황인종 여성의 시

내가 처음 미국을 보았을 때
그것은 거대한 거인 같았고
나는 피그미 여자 같았지.
나는 그 거인에 걸려 넘어지지 않기 위해
필사적인 투쟁을 했어.
그는 손을 흔들며 즐겁게 휘파람을 불었어.
그는 거대했지만 뱀같이 교활한 남자였지.

이제 나는 여기 미국에.
사람들이 코카콜라를 마시고
스필버그의 어린애같이 어리석은 영화에 열광하며,
끝없는 욕망을 추구하지만
시대착오적인 늙은 영화배우를 대통령으로 뽑고,
엄청난 부를 즐기지만
노숙자들을 거리에 방치할 수 밖에 없는,
'레이디퍼스트'를 외치지만

여자대통령을 허용하지 않는 나라.

이제 나는 여기 미국에
사람들이 성조기를 태우며
'양키고홈'을 노래하는 나라로부터.
이제 나는 여기 미국에,
황인종 사람들 대부분은
맥도날드에 허기지고 미제물건에 욕심을 내지.

영문학 석사학위를 가진 내 오빠는
노만 메일러의 '아메리칸드림'을 꿈꾸며
백인 이웃에게 하루 24시간
생선과 야채를 팔고.
피카소의 청색시대 그림을 좋아했던 내 언니는
염색한 금발머리로, 재봉틀에 앉아 일하고 있지.

유색인종 친구들이 무지개연합을 만들 때
황인종 사람들은 황색이 무지개에 있던가 의심하지.
그들은 피부색이 밝을수록 천국에 가깝고
어두울수록 지옥에 가깝다고 생각하지.
그래서 그들은 황색이 중간이라고 결정하고.
백인에 미소짓고 흑인에 찡그리지.
그들은 다수가 되기 위한 희망으로 돈을 모으며

소수에 대해서는 잊어버리지.

이제 나는 여기 미국에,
나 자신의 아부와 반란 사이에서 찢기우며.
자신들의 땅을 박탈당한
아메리칸인디언들을 생각하면
나는 배가 뒤틀리고.
자신들의 땅에서
도둑질 당해 미국에 오게 된
흑인노예들을 생각하면
나는 토하고 말지.
지금 나는 여기 미국에,
분노의 질환, 위궤양을 앓고 있지.

오드리 로드는 유숙열의 시를 듣고는 알지도 못하는 그에게
자기 수업을 들으라고 권했다. 다음 학기부터 오드리
로드가 진행하는 시 수업을 3학기 연속 수강하도록 해줬다.

오드리 로드는 헌터칼리지에 그의 이름을 딴 '오드리
로드 시 센터'가 생겼을 때, 개소식에서 다른 시인들과
함께 유숙열이 시를 낭송할 기회를 주기도 했다. 당시
무대공포증과 영어공포증에 짓눌려 있던 유숙열에게

오드리 로드는 "삶은 테러와 직면하는 것"이라고 말했다. 무섭다며 도망가려는 유숙열에게 "침묵은 너를 보호하지 못한다"며 들려줘야 할 목소리를 갖고 있다며 용기를 줬다. 오드리 로드는 유숙열에게 목소리를 찾아준 영혼의 엄마 같은 사람이었다.

"나는 한국에서 열등생이었어요. 중고등학교 때는 안 그랬지만, 대학교에서는 굉장히 공부도 안 하고 성적도 형편없고 공부에 뜻을 둘 수 없었고, 어느 교수도 나를 사로잡지 못했어요. 그래서 우울했는데, 미국에 가서는 완전히 물 만난 고기 같았어요. 여성학 공부가 맞았던 거죠. 여성학이 아니었으면 내가 인정받는 학생이 될 수 없었을 거 같아요."

여성학 공부는 테라피 과정 같았다. 매 학기 개설되는 수업에서 교수와 학생 모두 둥글게 앉아 자기 경험을 나눴다. 20대부터 60대까지 다양한 나이의 사람들이었다. 나이 많은 여성들이 많았던 것도 헌터칼리지의 특징이었다. 여성학 공부를 하면서 페미니즘은 자기 이야기라는 걸, 그것들이 모인 여성들의 이야기라는 걸 조금씩 깨달았다. 자연스럽게 아버지와 성이 다른 딸로 살아야 했던 자기 경험을 자꾸 들여다봤다.

"미국 친구들이랑 한국에서 온 친구들이 다 같이 공부를 하잖아요. 내가 미국 가서 맨 처음에 놀랐던 게 미국애들이 '스텝 파더' 이야기를 너무나 쉽게 하는 거야. 나 쇼크 먹었어요. 어머나, 어떻게 저 얘기를 저렇게 쉽게 할까."

용기를 얻었다. 페이퍼를 쓸 때마다 자신의 경험을 해석했다. 주인된 자신의 시선으로 쓴 글이었다. 교수들은 감동적이라며 엄지를 치켜올렸다. 가부장적 한국사회에 자신이 들려줘야 할 언어가 있구나 확신하게 된 시간이었다.

욕망의 페미니즘

공부를 마치고 1991년 귀국한 유숙열은 《문화일보》 창간에 합류했다. 여성학을 공부한 기자로서 여성 정책에 젠더 개념을 넣은 기사를 대한민국 신문에서 처음 썼다. 페미니스트 기자로 신문 1면에 여성 이슈를 올리는 일을 많이 했다. 연극 〈자기만의 방〉의 대본을 써서 페미니즘 신고식도 했다. 《문화일보》 재직 시절이던 1992년도였다. 버지니아 울프의 에세이집 《자기만의 방》을 모티브로 한 페미니즘 강연극이었다. 현대 한국사회에서 살고 있는 우리 여성들의 이야기를 하기 위해 마손톱(마광수), 김동양(김용옥), 김생명(김지하)을 등장시켜 그들이 갖고 있는 남성 중심 사고를 폭로했다. '남성이 파악하고 있는 여성'이

1991년 10년간의 미국 생활을 청산하고 귀국해
그때 막 창간한 《문화일보》에 합류했다.

현실의 여성들과 얼마나 차이가 나는가를 지적한 것이다.

연극은 성황리에 끝났다. 실명을 거론한 만큼 파장이 컸다. 회사의 명예를 실추시켰다고 문화일보홀 관리인으로 발령이 날 뻔도 했다. 유숙열은 당시 한국사회의 분위기를 이렇게 전했다.

"한국사회도 경직돼 있었지만, 한국의 페미니즘도 페미니즘이라고 말할 수 없었어요. 한국의 여성운동은 너무 도덕주의에 빠져 있고 경직돼 있었으니까. 하다못해 한국여성단체연합(이하 여연) 같은 데서는 귀걸이를 하는 것조차 자유롭지 못하던 때였으니까."

당시 여성단체 활동가 중에는 민주화운동의 세례를 받은 사람이 많았다. 독재정치의 폭압 탓에 고문이 일상이던 시절이었고 기본적인 인권조차 쓰레기통에 던져진 암울한 시대였던 만큼, 개인의 욕망을 드러내는 건 부끄러운 일이었다. 민주화란 '대의'를 위해 싸워야 한다는 생각뿐이었다. 욕망을 터부시했던 사고가 나중에는 습성이 돼 사람을 대하는 태도와 말로 드러났다. 조직에서 뭔가 튀는 행동을 하면 뒷소리를 감수해야 하는 분위기, 개인의 욕망이 존중되지 못하는 여성단체의 조직문화. 유숙열은 그걸 지적한 것이다.

그는 "가부장제 때문에 여성의 욕망을 인정 안 하고,

남성이 만든 각본대로 이해하는 것 아니겠냐"며 그것이
"페미니스트인 내가 여성인 나의 욕망을 중요하게 생각했던
이유"라고 말했다.

그는 페미니즘이 나로부터 시작된다고 생각했다.
민주화운동을 하며 잔뼈가 굵은 여성단체 활동가들과
결이 다를 수밖에 없었다. "내용은 다 페미니즘인데,
페미니즘이란 말을 쓰지 않았어. 페미니즘은 서양 물 먹은
여자들의 한가한 놀음으로 치부됐다"는 그의 말은, 당시
한국의 여성단체와 미국에서 공부하고 돌아온 페미니스트
유숙열 사이의 간격을 잘 드러낸다.

그가 귀국한 1991년은 성폭력특별법* 제정운동이 활발하게
이루어지던 때였다. 1991년과 1992년에 한국사회를
달구었던 두 재판이 영향을 주었다. 성폭력 피해자가
가해자를 살해한 사건들이었다. 여성단체들은 이 사건들을
통해 성폭력과 관련된 당시 법의 한계를 드러냈다.**
그리고 당시 성폭력을 규정하는 형법의 제목도 '정조에
관한 죄'였다. 성폭력을 폭력이 아닌 정조에 관한 문제로
인식했다는 것이다. 기존의 형법만으로 제대로 된 성폭력

---

* 1994년 성폭력범죄의처벌및피해자보호등에관한법률(성폭력특별법)이
제정됐고, 이후 2010년 성폭력범죄의 처벌 등에 관한
특례법(성폭력처벌법)과 성폭력방지 및 피해자보호 등에 관한
법률(성폭력방지법)이 제정되면서 폐지됐다.

예방과 근절이 어려웠기에 성폭력 문제를 전문적으로 다룰 법이 필요하다는 여론이 여연을 주축으로 한 여성단체들의 연대와 투쟁을 통해 형성됐고, 1994년 성폭력특별법이 제정됐다.

유숙열은 당시에 "여성단체가 주도하는 성폭력특별법 제정운동이 페미니즘 활동인데, 왜 페미니즘이나 페미니스트란 이름을 내세우지 않을까 의아했다"고 덧붙였다. 피해자를 돕는 복지 문제로 다뤄진 게 아쉬웠다. 그런 이유로 페미니즘이나 페미니스트라는 이름을 복권시키고 싶었다고 말했다. 대한민국 최초의 페미니스트 저널 《이프》를 창간한 건 여성운동에 '페미니스트'라는 이름을 붙이고 싶었기 때문이었다. 이렇게 1997년 《이프》가 창간됐다.

《이프》의 창간 특집기사의 주제는 지식인들의 성희롱이었다. 유숙열은 〈예술과 폭력 사이에서 꽃피는 남근의 명상〉이란 기사로 당시 대표적인 남성 작가들의

** 당시 성폭력 범죄와 관련해 피해자가 법적으로 6개월 내에 직접 신고를 해야 한다는 친고죄 조항이 있었고, 직계존속은 고소할 수 없도록 규정한 형사소송법 제244조 등이 있었다. 이 사건의 피해자 중 한 명은 20년 전 어린 나이에 성폭행 피해를 입었던 경우였고, 다른 피해자는 계부에게 어린 시절부터 오랜 기간 성폭행 피해를 당한 경우였기에 기존의 형법으로 가해자가 처벌되지 못했다.

작품을 분석했다. 이문열의 《선택》, 송기원의 《여자에 관한 명상》, 김원우의 《모노가미의 새 얼굴》, 김완섭의 《창녀론》을 분석해 남성 작가들의 남근 중심주의를 비판했다. 이 네 명의 남성 작가들의 글을 보면 여성은 어머니, 아내, 애인, 처녀, 창녀로만 그려진다는 것이다. 한국의 문단이 여성을 독자적인 욕망을 지닌 존재로 그리지 않는다는 비판을 담은 기사였다. 여자에게도 욕망이 있고, 그 욕망은 잘못된 게 아니라는 이야기를 담았다. 유숙열의 페미니즘이 그대로 나온 기사였다. '웃자! 뒤집자! 놀자!'라는 《이프》의 캐치프레이즈도 욕망의 페미니즘에서 파생된 것이다. 여성은 조신해야 한다는 가부장적 이데올로기에 '웃고, 뒤집고, 노는' 즐거운 여성운동으로 맞서자는 것이다.

1990년대 중·후반은 한국 페미니즘의 부흥기였다. 대학가와 온라인을 중심으로 영페미니스트 활동이 이어지던 때였다. 이들은 여성의 몸에 주목했다. 영페미니스트들은 여성의 몸을 열등하고 부정적으로 보는 인식에 도전장을 내밀었다. 여성성을 긍정하자며 월경페스티벌을 개최해 큰 파장을 일으켰다.* 스스로를 '사회적 소수자'로 규정하며 다른 소수자(퀴어·장애인 등)와 연대했다.

특히 영페미니스트들은 1990년대 중·후반 대학가를

중심으로 반성폭력운동을 펼치는 데 큰 영향을 주었다. 시발점이 됐던 사건은 고대 난동 사건이다. 1996년 이화여대 대동제에 고려대학교 학생들이 들어와 대동제 진행을 방해했다. 매년 연례행사처럼 벌어지던 일이었다. 학생들은 그냥 넘어가지 않았다. 성추행이나 성폭행을 저지르지 않았어도 여대에 들어와 대동제를 망친 남학생들의 집단 행위를 성폭력으로 규정했다. 우위적 힘을 가진 남성임을 내세우며 여성을 공포와 위협 상태로 몰아넣은 것만으로도 성폭력을 자행한 것이라고 주장했다. 영페미니스트들은 성폭력의 개념을 일상으로 확장시켰다.[**]

《이프》도 여성의 섹슈얼리티 문제가 대두됐던 이런 흐름을 잘 포착했다. 이 흐름 속에서 여성의 성상품화 문제를 제기하며 안티 미스코리아 대회를 열고 미스코리아 대회 공중파 방영 금지를 이끌어냈다.

유숙열은 "지금도 욕망의 페미니즘은 유효하다"라고

[*] 제1회 월경페스티벌이 '유혈낭자(有血娘子)'란 이름으로 1999년 9월10일 고려대학교 대운동장에서 진행됐다. 주최 기관은 영페미니스트 그룹 불턱이었다. 월경을 불결하고 부끄러운 것으로 인식하는 남성 중심적 성 담론을 비판하며 여성의 몸을 제대로 알고 긍정적으로 인식하자는 주장이 월경페스티벌을 통해 확산됐다.
[**] 김은남, 〈'영페미니스트'들의 일상 혁명〉, 《시사저널》, 2000년 3월 23일 자 참조.

말했다. 욕망은 곧 자유이기 때문이다. 남성 중심적인
한국사회에서 여성의 욕망을 그 정신으로 내걸었던
《이프》는 대한민국에 큰 파문을 남겼다. 무엇보다
큰 성과는 다양한 페미니즘의 존재를 보여준 것이다.
《이프》는 여성 개개인의 욕망에 관심을 두기보다
여성폭력과 빈곤, 임금차별 같은 여성 문제에 관심을
가졌던 여연과도, 스스로를 '사회적 소수자'로 규정하며
다른 소수자(퀴어·장애인 등)와 연대했던 영페미니스트와도
결이 달랐다. 영페미니스트들은 《이프》가 다루는 기사에
다양한 섹슈얼리티에 대한 언급이 없다고 날을 세웠다.
이성애 중심 제도 때문에 소수자로 살아가는 트렌스젠더,
동성애자에 대한 심층 기사가 없다고 목소리를 높였다.
이러한 몰성적 시각 탓에 이성애 기혼여성 중심 담론을
만들어낸다는 비판도 덧붙였다. 한편 여연은 《이프》가
가난한 여성이 겪게 되는 문제에 관심이 적다고 문제
삼았다. 중산층 기혼여성들의 욕망에만 관심을 둔
부르주아적인 잡지라는 것이다. 양 진영에서 비판을
받았지만 다양한 목소리 덕분에 여성운동이 풍성해졌다.

유숙열은 2006년 《이프》를 완간했다. 만성적인 적자
탓이었다. 계간지인 데다 페미니즘 잡지라 광고 수입을
얻기 어려웠다. 어떤 사람들은 10년 동안 출간을 한 것도
기적이라고 평가했다. 그도 《이프》를 완간할 걸 후회하지

않는다고 말했다.

"그것도 《이프》의 운명이라고 생각하는데, 《이프》가 욕망의 페미니즘을 추구했잖아요. 그런 게 이 안에서도 드러났던 거야. 자유와 욕망과 갈등이 다 어우러져서 범벅이 되는 거지. 그런 게 사람 사는 거 아니겠어요? 그만둔 게 자연스러운 거라고 생각해요."

《이프》의 정신은 웹진으로 이어갔다. 하지만 2012년, 그마저도 접었다. 페미니즘에 관심 있다는 사람 찾기가 힘들어질 정도로 환경이 열악해진 탓이었다. 2010년대에 들어서면서 여성가족부나 성평등 관련 정책에 대한 반감과 공격이 거세졌다. 대학에서도 학생사회가 붕괴하면서 여성운동 역시 침체됐다.[*] 더구나 생계를 이어가기 위해 필자들도 뿔뿔이 흩어져 활동을 이어갈 동력이 만들어지질 않았다. 2017년 《이프》 20주년을 맞이해 출간한 《대한민국 페미니스트의 고백》이 나올 때까지 페미니스트 유숙열은 긴 공백기를 보냈다.

[*] 이다혜, 〈대학 내 여성주의 운동과 정체성 형성〉, 서울대학교 대학원 석사학위 논문, 2012 참조.

외로워서

유숙열은 《문화일보》 기자로 일할 때, 노조를 만들었다는
이유로도 어려움을 많이 당했다. 새 사장이 올 때마다 제거
대상 1호였다. 대기발령도 받았고, 출판부, 인터넷뉴스팀,
조사부 등 기자 없는 지원부서로도 여러 번 발령이 났다.
노동위원회의 부당노동행위 결정으로 원직 복직도 했다.
바람 잦을 날이 없었다.

그렇게 치열하게 기자 생활을 하던 그가 2004년,
《문화일보》를 그만뒀다. 자의 반 타의 반이었다.
페미니스트 기자, 차관급 방송위원, 정치적 흡연가. 그의
이름 앞에는 언제나 전투적인 명함이 따라다니곤 했다.

기자로 일하면서 노골적인 성차별을 경험했다. 노조
활동에 대한 회사의 핍박도 심했다. 같이 노조를 만들었던
편집국장마저 "제발 좀·튀지 말라"고 했다. 후배 밑에서
전문위원으로도 일했다. 그렇게 나가라고 신호를 보냈다.
분노감이 컸다. 자다가 관 속에 누워 있는 것 같은 느낌에
벌떡 일어나기도 했다. 출근하면 숨을 못 쉴 정도로
힘겨웠다. 사표를 낸 건 살려는 몸부림 같은 거였다.

《문화일보》 기자와 《이프》 편집위원으로 일하느라 집에
거의 신경을 못 썼다. 결국 22년간 결혼 생활을 했던 남편과
이혼했다. 나이는 50이 넘었다. 기자 정체성이 없어지자

2000년 지리산 여신축제에서. 유숙열의
공개적인 정치적 흡연은 이후 2003년
평양에서 열린 남북방송교류 세미나 환영
만찬으로까지 이어지며 화제가 됐다.

그가 딛고 있던 존재 기반이 흔들렸다. 세상과 자신을 연결하는 끈이 아무것도 없는 것처럼 느껴졌다. 마음이 걷잡을 수 없을 만큼 무너져내렸다. 나이 50에 인생을 완전히 다 살아버린 것만 같았다고. 그렇게 정신을 놓았다.

"어려운 길만 골라서 갔잖아요. 페미니즘도 유교적 가부장제에 반격을 가하는 거고, 노조도 회사 경영진이랑 어긋나는 그런 활동이었고요. 그런 스트레스가 영향을 주었다고 생각해요. 그게 감당하기 힘들어지면서 폭발을 한 거지."

그는 정신과 폐쇄병동에 입원했다. 그가 아팠을 때 보였던 증상은 간판 글자를 읽는 거였다. 저 간판 글자와 내가 무슨 관계인가를 따졌다. 글자를 배우면서 아버지의 성과 자신의 성의 관계를 따졌듯이. '아버지와 내 성이 다른 이유가 뭘까' 그걸 깨달아가는 게 자신의 트라우마였는데, 아플 때 글자를 배우던 일곱 살 무렵으로 돌아갔다.

그렇게 상처로 몸부림치고 있을 때, 시가 찾아왔다. 물에 빠진 사람이 지푸라기라도 잡듯 필사적으로 매달렸다. "꿈을 꿨는데 아버지가 나타나. 꿈인지 생시인지 막 그러고. 죽은 사람들 꿈도 꾸고 어른거리는데 너무 무서운 거야."

유방암으로 투병하다 1992년에 죽은 오드리 로드가 생각났다. 오드리 로드는 "삶은 테러와 마주하는 거"라고,

"너의 침묵은 너를 보호할 수 없다"고 했다. 영혼의
엄마였던 그를 떠올리며 무섭고 어른거릴 때마다, 노트북을
켜고 앉아서 시를 썼다. 새벽 3시를 넘길 때가 많았다.
신기하게도 시를 쓰고 나면 마음이 가라앉았다. 정신도
맑아졌다. 그래서 죽기 살기로 쓸 수밖에 없었다. 2005년에
나온 시집 《외로워서》는 그렇게 나왔다. 출판을 할지 말지
고민하진 않았다. 노출에 대한 두려움이 없어서라기보다
너무 절박했기 때문이었다. 나중에는 좀 창피하기도 했다.
동네방네 외롭다고 떠들어대서다. 하지만 "그래야 해방이
된다"는 말도 덧붙였다.

자신이 유복녀라는 말을 50년 만에 했다. 그 뒤에 해방이
됐다. 그는 써야 한다고 강조했다. 두려움을 이기고 쓰니까
아무것도 아닌 게 되었다.

"경제적으로 유복했고, 무슨 차별이나 학대를 받고 살지
않았어요. 가족들도 사랑을 많이 해줬고. 그런데 전사처럼
싸운 걸 생각하면 요새는 좀 민망하기도 해요." 그는 평안할
수 있었던 삶을, 자신이 그렇지 않은 삶으로 만들었다고
말했다. 페미니스트의 삶은 그런 선택을 하게 되는
삶이라고. 하지만 후회하지 않는다고 강조했다.

페미니즘은 고백이거든요

《이프》의 창립 20주년이 되던 2017년, 흩어졌던 멤버들이
다시 모였다. 2006년 《이프》의 편집장이었던 조박선영의
제안으로 이프북스란 출판사를 등록해 《대한민국
페미니스트의 고백》을 출간했다. "페미니즘은 고백이거든.
나의 고백. 그리고 대한민국이 아니었다면 이런 고백이
나오지 않거든요."

그 후로 이프북스는 페미니즘 서적을 꾸준히 출판하고
있다. 이프북스는 모범답안이 있는 페미니즘이 아닌
다양한 페미니즘을 전하려 한다. 국내에서는 접하기 힘든
책들을 소개하려고 한다. 2018년에 인도의 페미니즘
출판사 주반북스(Zubaan Books)의 페미니즘 소설인 《작전명
서치라이트》, 《특별한 소녀》를 번역 출간했다.

그는 메갈리아, 워마드에 대한 생각도 밝혔다. 페미니스트가
된 후, 유숙열이 가장 중요하게 생각했던 철칙이 있다. 같은
여성은 절대 공격하지 않는다는 거다. 그래서 메갈리아나
워마드 같은 웹 공간에서 의견 차이로 여성이 여성을
공격하는 것이 의아했다. 처부술 남자들이 많은데 왜 힘을
뺄까 궁금했다.

《이프》로 활동을 할 때보다 지금의 페미니즘은 더 넓어지고
커지고 다양해졌다. '우리의 페미니즘'이 다 옳다고만

주장할 수 없게 됐다. 그런 만큼 다양한 페미니즘을
전달하는 출판사가 되고 싶다는 포부를 밝혔다. 이러한
그의 생각은 2018년 《근본 없는 페미니즘》을 출판하는
것으로 드러났다. 부제는 '메갈리아부터 워마드까지'.
래디컬 페미니스트들의 활동과 생각을 담은 책이다. 이
책을 출판하겠다고 결정한 것은 당시 '메갈리아는 되지만
워마드는 안 된다'며 책의 저자들이 사상검증 내지는
마녀사냥을 당하고 있던 상황을 선배 페미니스트로서
모르는 척할 수 없어서였다. 게다가 이 책의 저자들은
접촉한 모든 출판사들로부터 출간을 거절당하고
있었다. '워마드'들이 쓴 책을 출판하는 게 부담스럽다는
이유에서였다.

유숙열은 "일군의 페미니스트들이 '워마드는 안 된다,
메갈은 되지만' 이따위 소리를 하면서 금 긋기하는 걸
보면서 이건 아니다 싶었다"고 말했다. 페미니즘의 결이
다양하기 때문에 후배들이 페미니즘에 대한 자신들의 어떤
생각도 펼칠 수 있어야 한다고 생각했다. 그럴 수 있도록
장을 마련해주기 위해 출판을 결정했다.

그는 "페미니즘은 인류 절반에 대한 생각이며 실천"이라고
말했다. 따라서 그 나머지 절반도 관계에 의해 자연히
연루될 수밖에 없는, 결국 인류 전체에 관한 이야기라는
것이다. 이런 까닭에 다양한 페미니즘이 존재하는 것은

당연하다고 밝혔다. 어떤 페미니스트는 되고 어떤
페미니스트는 안 된다는 걸 누가 결정하냐고도 물었다.
결국 다시 권력의 문제라는 것이다. 억압받는 여성들에게
자유롭게 말할 기회를 준다는 게 이프북스의 입장이다.
선택은 여성 대중의 몫이란 말도 덧붙였다.

온라인에서 활동하는 2030 페미니스트들이 과격하다는
이야기가 있는데 이들이 왜 분노하는지 진지하게
들여다봐야 한다고 강조했다. 온라인에서 활동하는
래디컬 페미니스트들은 우리가 들여다보거나 말거나
상관없이 그냥 그렇게 갈 것이기 때문이다. 현재 2030
여성들은 강남역 살인사건, 소라넷, 미투를 이야기한다.
그리고 그들은 '여성이어서 죽었다, 여성이어서 당했다'는
분노가 크다. 그들이 그렇게 느끼고 있다는 게 중요하다고
유숙열은 강조했다.

"페미니즘을 나아가게 하는 건 내가 여자라는 것,
그러니까 여자로서 내 이야기를 하는 것이고, 다른
여자도 마찬가지지. 이프북스에서 다양한 여성들의
목소리를 대변하는 책들을 낼 수 있다면 그걸로 내 역할은
충분하다고 생각해요."

그는 페미니즘 리부트를 긍정적으로 평가했다. "페미니즘이
활성화되고 페미니즘에 대한 이야기가 많아지는 거니까

좋은 것"이라고 피력했다. 그의 말에 따르면, 르네상스
시대에 가짜가 제일 많았다. 그만큼 많은 와중에 무언가가
이루어진다. 하지만 분명하게 강조하고 싶은 점이 있다.
바로 실천하지 않으면 페미니즘이 아니라는 거다.
"페미니즘은 배우면 실천할 수밖에 없어. 내 얘기니까. 자기
생활에 직접 연결시키지 않으면 못 견딜 거야. 그 자체가
그러니까." 페미니즘은 잘못을 시정하는 동력이다. 그래서
실천하지 않는다면 다 가짜들이다.

하지만 전쟁만 하고 살 수는 없는 법이다. 선배로서 조언을
한다면, "꼭 이길 싸움만 하라고 말하고 싶다"고 한다.
사사건건 이기겠다고 덤벼들면 안 된다. 그래선 전투에
이기고도 전쟁에서는 진다. "유머 감각을 갖고 대처하라"고
강조했다. '한 술 더 뜨기 작전'이라고 말한다. 그는
시어머니가 자기가 키워줄 테니까 애를 한 명 더 낳으라고
했는데, "낳으려 해도 안 생겨요"라고 대꾸한 일화를
들려줬다.

성차별의 주범이 멀리 있지 않다. 우리 일상 곳곳에 있다.
같이 일하는 상사나 남편, 밥은 누가 해주고 새벽에
출근하느냐고 묻는 택시 기사 등. "도처에 성차별자들이
있는데, 맨날 싸우기만 할 수 없다"고 말했다. 무엇과 전쟁할
것인지 잘 생각해서 판단하라는 조언이었다. "아까운 우리
인생이 지나가니까 전쟁을 한다면 꼭 이겨서 살아남으라"고

당부했다.

어느덧 머리에 하얀 서리가 내린 유숙열은 편해 보였다.
"생각해보면 늘 행복했었다"는 그의 말이 그가 '변했구나'
느낀 대목이었다. '유숙열' 하면 정치적 흡연을 떠올릴
정도로 전사 이미지가 컸다. 그런 그가 어떤 말에도
긍정적으로 답했다. 감사하다는 표현도 잦았다. 분노보다는
감사가 넘치는 삶으로 보였다. 그만큼 그가 상처에서
치유됐다는 것 아닐까.

남편에게 고맙다는 말도 잊지 않았다. 페미니즘에 대한
이해가 컸던 것도, 2004년에 이혼을 했지만 자신이
아팠을 때 돌아와준 것도 모두 고마울 따름이다. 유숙열은
2009년에 생명줄 같았던 어머니가 돌아가셨다. 큰 슬픔을
겪을 때 남편은 사위로서 곁을 지켰다.

합동통신 기자 시절, 그가 구치소에 수감됐을 때 사회과학
서적을 한 권씩 넣어주러 매일 찾아왔듯이, 그가 제일 힘들
때 곁을 지켜준 사람이 남편이다. 그런 남편에게 감동받아
2009년 재결합을 했다.

유숙열은 나중에 병이 나은 후에야 '내가 엄마를 위한
변명을 해온 거구나' 깨달았다. '페미니즘을 그래서 한
거였구나' 알았다.

2018년 80년해직언론인협의회 주최 세미나장에서.

"어렸을 때부터 심진섭한의원 집의 성이 다른 딸로 살았으니까. 늘 전쟁하듯이 전투하듯. 길거리를 다녀도 누구 딸인지 아니까. 그게 나는 괴로웠으니까."

그는 평생 "'이 사람이 내 아버지다. 내 아버지는 심씨다. 나는 유씨지만. 그래서 뭐?' 이런 식의 정신 상태를 가지고 살았다"고 말했다. 센 척했다. 하지만 주변 사람들 시선을 의식하고 살았다. "차라리 재혼한 엄마를 탓할 수 있었으면 마음이 편했을 것"이라고 덧붙였다. 하지만 그럴 수가 없었다. 어머니가 너무 좋은 분이었기 때문이다.

"어머니는 당신이 재혼한 것에 대해 평생 죄책감을 갖고 살았어요. 페미니즘을 공부하면서 '내가 아버지와 성이 다르다고 부끄러워할 필요가 없다, 재혼한 어머니가 잘못한 게 아니다, 여성에게만 정절을 요구한 가부장제의 이중적 성문화가 우리를 죄인 취급한 거다, 가부장제가 문제였다'를 알게 됐지."

그래서 그에게 페미니즘은 엄마에 대한 변명이었다. 엄마에게 대놓고 표현은 안 했지만, 시조를 빌려 정조를 잃었다고 욕했던 할머니의 생각이 틀렸다고 말하고 싶었다. 엄마가 아니라 가부장제가 문제인 거였다고, 엄마를 위한 변명을 해준 게 페미니즘이었다는 것이다.

한 인터뷰에서, 그는 "인생은 만남이고 사랑인 것

같다"고 말했다. "이제 남자들도 좋은 세상을 만들려고
노력한다는 것을 알았다"고도 했다.* 고개를 끄덕였다.
2세대 페미니스트로 살아온 그의 삶을 존중하는 까닭이다.
누군가의 삶을 품고 응원해주는 방법으로 사랑을 창조한
사람에 대한 후배 페미니스트가 보내는 존경의 표현이었다.
물론 유숙열에게 그 '누군가'는 여성이었다.

---

* 김두식, 《다른 길이 있다》, 2013, 한겨레출판사.

2장

직업이 페미니스트일 수는 없을까

이효린

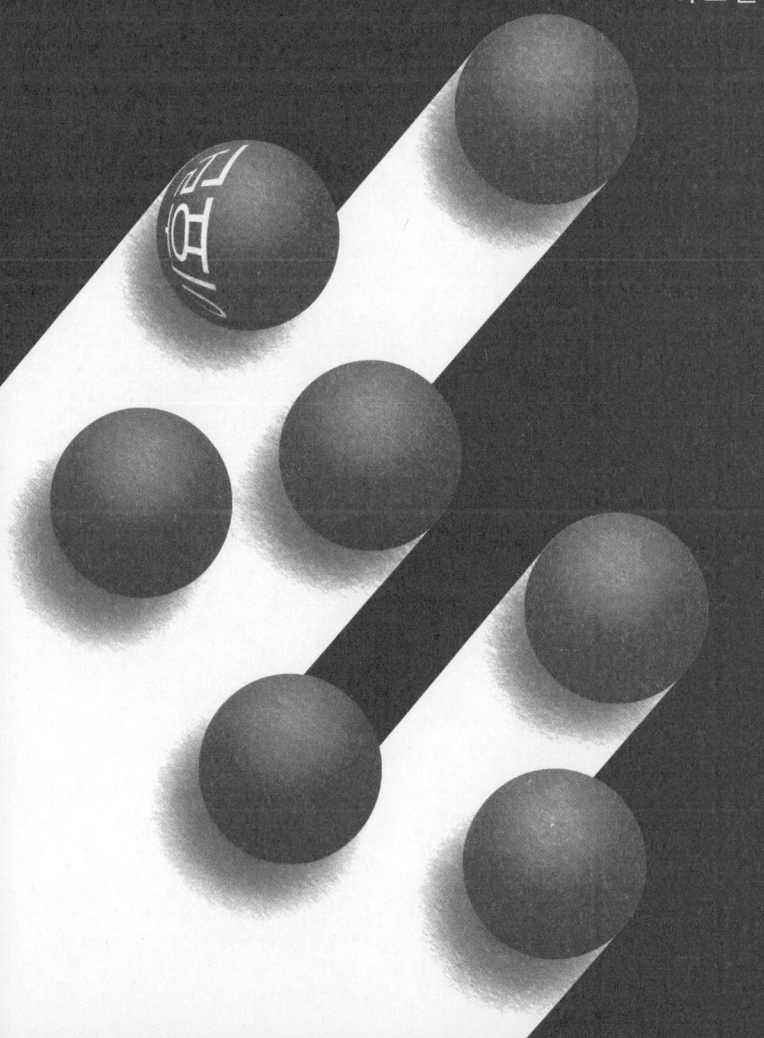

"거기 머리 빈 얼굴 반반한 윤락녀도 뽑냐? 여태껏 내가 취업 못 해서 불알 긁고 있거든. 찾아가서 너랑 꽁냥꽁냥할 수 있으니까 주소 좀 알려줘."

○○ 고객상담센터. 수화기 너머로 젊은 남성의 목소리가 들려왔다. 전화를 받은 상담원은 속수무책이었다. 당황해서 수화기를 잡고 있던 손이 후들후들 떨리는데도, '뚜뚜' 소리가 들릴 때까지 끊을 수가 없었다.

이효린(한국사이버성폭력대응센터 대표)*은 2016년 11월 14일을 잊을 수 없다고 말했다. 그날 고객상담센터의 여성 직원이 눈물을 흘리며 그를 찾아왔다. "고객에게 성희롱을

* 한국사이버성폭력대응센터는 2020년 대표가 서승희로 바뀌었다. 인터뷰를 진행했던 2019년 당시 대표는 이효린이었다.

당했으니 사과를 받고 싶다"고 요구했다. 상품품질
관리자였던 이효린은 어떻게든 직원을 도와 문제를
해결하고 싶었다.

성희롱은 콜센터에서 자주 일어나는 일이다. 고등학교
졸업 후부터 콜센터에서 일했던 그도 예외가 아니었다.
"20대 초반일 때, '××를 찢어버린다. 사무실 어디냐?
당장 찾아가서 강간해버린다'라는 말을 들은 적이 있어요.
너무 놀라서 부들부들 떨고. 충격 때문에 울고불고하는
저를 팀장이 달래고, 수습한다고 고객에게 팀장이 전화를
했어요. 남성 팀장에게는 깍듯하더라고요. 남자 대 남자로
해결했다고 팀장이 엄지를 치켜세우는데 기분이 엿 같았죠."

페미니스트 모먼트, 강남역 살인사건

그는 콜센터에서 일할 때 겪었던 성희롱 이야기를 꺼내며
"어찌 보면 페미니스트가 된 건 자연스러운 일"이었다고
말했다. 2016년 5월 17일 일어난 강남역 살인사건을 계기로
페미니즘에 관심을 갖게 됐다. 강남역 화장실에서 칼에
찔려 죽은 23세 여성을 생각하면 할수록, 한국 여성이 처한
위치를 질문할 수밖에 없었다. 단지 여자란 이유만으로
죽임을 당하는 극단적인 여성혐오가, 21세기 한국사회에
존재한다는 게 소름끼쳤다고 떠올렸다.

그런 이유로 거리로 쏟아져나온 여성들을 관심 있게 바라보았다. 그들이 성차별 규탄을 외칠 때, 그 목소리에도 귀를 기울였다. 여성들은 검은 마스크를 쓰고 있었다. 신분 노출을 우려했기 때문이다. 시위에 참여했다는 이유만으로 신상이 털려 인터넷 공간에 자신의 사진이 떠돌아다닐지도 모를 일이었다. '여성혐오가 있다, 없다' 격렬하게 의견이 대립되는 상황에서, 여성들이 얼굴을 드러내고 자신의 주장을 피력하기엔 위험이 도처에 도사렸다. 이효린 또한 이 사회에서 이골나게 겪었던 성희롱 탓에 대한민국이 안전하지 못한 나라라고 생각하던 터였다. 그런 그에게 강남역 살인사건은 남의 일이 아니었다.

더 이상 침묵하지 않겠다고 결심했다. 성차별적인 사회를 정조준하기 시작했다. 자신에게 가해졌던 숱한 폭력을 페미니즘 언어로 해석하느라 밤을 꼬박 샜다. 여성혐오에 반대한다는 에스엔에스(SNS)상의 여러 글, 디지털 공간과 현실 공간을 넘나들며 페미니스트로 살아가는 20대 영영페미니스트*들을 길잡이로 삼았다. 호기심 어린 눈으로 신세계를 열어젖혔다. 이렇게 페미니즘에 눈떠가던 때, 직장 동료가 성희롱 사건을 처리해달라고 요청을 한 것이다.

이효린은 팀장에게 녹취록을 보냈다. 피해자가 진심 어린 사과를 받을 수 있게 조치해달라고 요구했다. 재발 방지를 위한 회사 차원의 대응도 요청했다. 이렇게 적극적으로 나선 데는 피해를 더 이상 양산하지 않도록 적극적으로 대처해야겠다고 결심했기 때문이었다. 그동안 그는 성희롱이 빈번한 콜센터에서 중간관리자로서 성희롱을 문제 삼기보다, 피해자를 위로하고 달래는 일을 했다. 피해자를 보호하는 행위라고 보기엔 미흡한 대응이었다.

"피해자가 울고 힘들어하면서 문제 제기하니까, 팀장이 저보고 가서 케어하라는 거예요. 그 직원은 잘못한 게 없잖아요. 그런데도 다시 그렇게 문제 삼지 않도록 재발 방지 차원에서 위로하라는 거예요. 이치에 안 맞는 말을 하려니 참……."

안타깝게도 당사자가 퇴사하는 걸로 마무리됐다. "법적 대응을 하려면 개인이 하라"는 회사 입장에 격노한 피해자가 분을 참지 못하고 사표를 던졌다. 페미니즘이라는 안경을 끼고 세상을 보게 된 이효린은 이 일을 간과하지 않았다. 또 다른 피해자가 나올 게 불 보듯 뻔했다. 악성

＊ '영영페미니스트'라는 명칭은 한국여성재단 주최로 2016년 열린 여성회의에서 처음 등장했다. 90년대 중반 이후 활동했던 '영페미니스트'와 구분하기 위해 사용되기 시작했다. 온라인에서는 '메갈' 혹은 '요즘 페미'로 통칭되기도 한다. 하지만 이 20대 페미니스트들은 단일한 실체로 고정하기 어렵다. 오히려 강남역 살인사건, 현실에서 겪은 성차별 경험 같은 페미니스트가 된 계기가 이들의 공통점이라고 볼 수 있다. 같은 여성을 강력하게 동일시하는 특징도 발견된다(오혜진, 〈20대 페미니스트 여성들의 페미니즘과 그 의미〉, 서울대학교 대학원 석사학위 논문, 2019, 3~4쪽 참조).

민원 고객을 응대할 수 있는 가이드를 만들어야 한다고
주장했다. 감정노동자 인권에 대한 사회 논의가 활발하던
때였다. 회사도 사회변화를 받아들여 악성 민원 제한
운영 방침을 이효린에게 만들게 했다. 성희롱을 하는 등
공포심을 주는 민원인들에게 상담과 서비스를 거부할 수
있는 최소한의 안전장치가 마련됐다. 홈페이지에 악성 민원
제한을 알리는 공지를 올리던 날, 이효린은 변화를 거머쥔
듯한 기분을 느꼈다.

기쁨은 잠깐이었다. 체기 있는 사람처럼 매일 속이
불편했다. 고객상담 부서의 상담품질 관리자란 옷이 안
맞아서였다.

"콜 내용을 들은 뒤에 상담사들이 제가 만든 기준에 따라
잘했는지 평가하는 일을 했어요. 직원들에게 스트레스
관리 교육도 시켰어요. 고객 만족 도출이 목적이었죠.
페미니즘에 눈뜨면서 내 직업에 대해 자긍심을 가질 수가
없는 거예요. 다양한 콜을 수집하고 분석하면서 고객들이
상담원에게 자기 감정을 함부로 쏟아낸다는 걸 더 확실하게
알겠더라고요. 그런데도 저는 스트레스 환기 교육을 하며
이들을 평가하고 있으니까 무척 자괴감이 들었죠."

페미니스트로 자신을 정체화하는 과정에서 직업에 대한
회의감을 느낀 이효린은, 2017년 7월에 회사를 그만두었다.

자신을 페미니스트라고 내뱉는 데 1년여 시간을 흘려보낸
뒤였다. '감히 내가 페미니스트라고 말할 수 있을까?' '나는
너무 무지한데, 이런 말을 해도 되나?' 그는 자신의 언어를
찾기까지 많이 망설였다. 하지만 그 시간이 없었다면
지금의 이효린은 없었을 것이라고 단호하게 말했다.

한번은 "대체 하루에 페미니즘 관련된 걸 얼마나 보냐",
"거기 얼마나 시간을 쏟고 있느냐"는 파트너의 질문에
곰곰이 생각을 해봤다. 직장 생활을 하는 시간을
제외하고는 아침에 눈을 뜬 후부터 밤에 잠들 때까지 모든
시간을 페미니즘을 알아가는 데 쓰고 있었다.

그 영상 속 여성이 나인 줄 알았다

열정의 강이 흘러넘치던 시절이었다. 페미니즘은 삶에서
두 번째로 길어 올린 생명수였다. 그가 무언가에 마음을
빼앗겼던 건 배우가 되고 싶다는 꿈을 가졌을 때가
처음이었다. 연기 맛을 알게 된 그는 평생 연기자로 살면
행복하겠구나 싶어 무릎을 쳤다. 연극영화과에 진학하려고
재수를 택했다. 어려운 집안 형편 탓에 학원비를 벌어야
했다. 인문계 고등학교를 졸업한 스무 살 여자아이가 할 수
있는 일은 많지 않았다. 그가 취업한 곳은 콜센터였다. 일을
마치자마자 학원에 늦지 않으려고 뛰어갔다. '하고 싶은

일을 하려면 연기학원에 다녀야 해. 나는 할 수 있다고!'
그렇게 자신을 채찍질하며 어렵게 다닌 학원에서 심한 외모
비교를 당했다. 진학에 실패했지만 연기에 대한 미련은
남지'않았다. 콜센터와 집을 오가는 생활이 계속됐다.

"콜센터에서 일하는 게 전화받는 일이라서 쉬울 거라
생각하시는데, 힘들어요. 그래서 백화점에서 일해보자
하고 1년 정도 백화점 내 카메라 매장에서 근무하기도
했어요. 매장 직원이 저 빼고 모두 남자였어요. 그 남자들
사이에 둘러싸여 있다보니까 우울증 같은 게 오더라고요.
남자 직원들이 손님들 얼평〔얼굴평가〕, 몸평〔몸매평가〕하고,
매일 바람피운 이야기나 성매매한 이야기를 했어요. 하루
종일 듣고 있으려니까 미쳐버리겠더라고요. 저는 그때
페미니스트도 아니었고, 오히려 소위 말하는 '개념녀'
역할을 충실히 수행하는 사람이었는데도요. 그 오빠들이
매일 손님들 몸매가 어떻네 얼굴이 어쨌네 하고, 심지어
저랑 비교하기도 하는데 견디기가 힘들더라고요."

콜센터로 다시 돌아갔다. 고등학교를 졸업한 학력에 가진
것 없이 몸뚱이 하나뿐인 상황에서 할 수 있는 일이 별로
없었다. 그렇게 모은 돈으로 산티아고 순례길을 다녀왔다.
20대 중반과 후반을 그 기억으로 살았다.

한국사이버성폭력대응센터(이하 한사성)와는 어떻게 인연을

2018년 웹하드 카르텔 규탄 긴급 기자회견.

맺게 됐을까? 2017년 초였다. 한참 페미니즘에 목말라하던 때, 어느 단체가 주관하는 페미니스트 캠프에 참여했다. 캠프장에 들어가는데 어떤 세상이 펼쳐질까 기대 반 설렘 반으로 가슴이 쿵쾅거렸다. 하지만 그때만 해도 자신이 활동가로 살 거라고는 생각조차 못 했다. 그런데 그해 7월에 그 캠프에서 만났던 동료가 한사성을 만들려고 한다며 같이 일하자고 제안했다. 직업이 페미니스트일 수 없을까 고민했다는 이효린은 꿈을 이루게 됐다. 처음에는 망설였다. 단체에 누가 되지 않을까 염려했지만, "괜찮다. 온라인성폭력에 공감하지 않느냐. 그것이면 충분하다"는 동료의 말에 힘을 얻었다.

그는 한사성에서 일하겠다고 결심한 가장 큰 이유를 본인의 경험에서 찾았다. "'국산 야동'으로 불리는 영상이 2017년도에 한참 돌아다녀 문제가 됐잖아요. 웹하드 사이트에서 우연히 어떤 영상을 클릭했는데 영상 스크릿샷 같은 게 이미지로 등록돼 있더라고요. 그 이미지를 클릭하면 영상을 다운받게 돼 있었어요. 성관계 장면이었는데 그 여성이 너무 나인 것 같았어요. 남성은 제 파트너 같고. 약간 측면으로 찍은 영상이었는데, 왠지 신체적 특징이나 헤어스타일이 그 당시 제 모습과 비슷했어요. 그때가 저녁 시간이었는데 그걸 발견하고 어떻게 해야 할지 모르겠는 거예요. 다운을 받아서 나인지 확인을 해야 할 것 같은데, 진짜 나일까봐 너무 무서워서 밤새 뜬 눈으로 다운도 못 받고 전전긍긍하고, 어떻게 해야 할지 몰라서 고민하다가 새벽 동틀 무렵에 겨우겨우 다운을 받아서 봤어요."

'다행히' 아니었다. 어떤 순간의 모습이 비슷했던 것일 뿐이었다. 겨우 숨을 쉬었지만, 뒷맛이 씁쓸했다. '이 사람은 알고 있을까? 본인의 성관계 동영상이 온라인에 떠돌고 있다는 걸?' 꼬리에 꼬리를 잇는 질문이 머릿속을 떠나지 않았다. 이효린은 동료로부터 함께 일하자는 제안을 받을 때, 그때의 경험을 떠올렸다. "동영상에 있는 사람이 실제로 있는 여성이라는 걸 자각하는 계기가 됐어요."

이효린은 단정하게 기르던 단발머리를 짧게 쳐냈다. 귀가 완전히 보일 정도로 옆머리도 짧게 잘랐다. 어떤 색으로 염색할까 고민하다 초록색을 택했다. 특별한 이유 같은 건 없었다. 그냥 해보고 싶었다. 페미니즘 항해를 위한 의식 같은 거였다.

한사성이 설립 2년 만에 이룬 성과는 놀랍다. 여전히 운영이 힘들지만, 정기 후원자 외에도 펀드레이징을 통한 후원이 놀라운 속도로 늘어났다. 동료들이 고군분투하며 무보수로 일군 활동이었다. 야근은 당연했고, 최소한의 생활비를 위해 주말에는 아르바이트를 병행했다. 그렇게 모래사장 같던

활동 위에 상토를 꾸준히 덮었다. 봄날에 여린 열무 싹이
얼굴을 삐죽 내밀 듯, 어느 날부터 그들의 활동에 응답하는
사람들이 생겨났다. 펀드레이징과 홍보를 물과 양분으로
공급했다. 어린 열무 싹이 머리 풀어 헤친 모습으로
자라났다. 이제 월급 받는 활동가가 열 명이 넘는 어엿한
조직으로 성장했다. 그 비결을 궁금해하는 사람들이 많다.

"악착같이 홍보했어요. 펀드레이징에 관한 조언을 많이
듣기도 했고요. 홍보 영상을 두 개나 찍었어요. 저는 한사성
활동을 하면서 보험도 적금도 다 깼어요. 한사성이 월급을
줘야지만 계속 일할 수 있는 상황이었어요. 사생결단의
심정이었죠."

악착같이 응시하며 싸우다

한사성의 상징물은 암사자다. 먹이를 사냥하는 암사자처럼
사이버성폭력을 잡아내겠다는 의미다. 물불 가리지 않는
이들의 적극적인 활동을 잘 드러낸다. 사람의 가치를
돈으로 평가하는 사회에서 이들은 어떻게 돈 안 되는 일에
밤을 새워가며 헌신할 수 있었을까.

"우리에게 의지가 있었다는 거예요. 주적을 직접 맞닥뜨릴
때 싸우고자 하는 에너지가 생기잖아요. 처음 활동을

시작할 때부터 웹하드 카르텔 추적을 이어왔어요. 그때마다 주적을 목격하고 싸우는 과정이 투지를 만들어줬어요. 개인적으로는 피해 당사자를 대면한 것이 이 일을 하게끔 만든 측면이 커요. 처음 피해 당사자를 면접 상담했을 때가 기억에 많이 남아요. 어떻게 해야 할지 계획 없이 일단 만났고, 초창기 때라 뭘 해줄 수 있는 게 썩 없던 상황이었어요. 그런데 우리한테 피해를 호소하니까 가만히 있을 수가 없었어요. 너무 마음 아팠죠. 그래서 계속할 수밖에 없었어요. 점차 사회적 요구가 생기기 시작하고, 여기저기서 실태가 어떤지 알려달라, 정책을 제안해달라는 상황이 됐어요. 밤을 새서라도 조직화에 성공을 해야 피해자 지원도 할 수 있고, 그냥 동아리 정도로 취급당하지 않고 직업으로 일할 수 있겠다고 생각했어요."

한사성은 3세대 영영페미니스트들의 노력으로 만든 반성폭력운동 단체다. 30년 만이다.[*] 20대는 조직화에 한계가 있다는 주변의 우려를 날려버린 셈이다. 특별한 조직화 비결이 있을 거란 기대 어린 시선을 자주 접한다는 그는, 할 말이 별로 없다고 얼굴을 붉혔다.

"처음 활동을 할 때 보수를 못 받았어요. 임금은커녕 사무실도 없어서 다른 단체 사무실을 함께 사용할

[*] 1991년 개소한 한국성폭력상담소가 국내 최초의 반성폭력운동 단체다.

정도였어요. 2017년도에 합성사진이나 비동의 촬영물
배포로 인한 피해가 많았잖아요. 반면 도와주는 단체는
많지 않았고요. 밤을 새는 일이 많아졌고, 활동가들의
일상은 한사성 중심으로 돌아가는데 월급을 못 받으니까
너무 힘들었어요. 월급을 받는 조직을 만들려면 규모나
성과가 있어야 하잖아요. 그러다보니 밤을 새서라도 많은
양의 일을 하게 된 거예요. 그렇다고 다른 영영페미니스트
단체들에게 그렇게 하라고 말할 수는 없죠."

활동을 할 때 사이버성폭력의 범위나 용어를 두고도
어려움이 있다. 사람마다 다르게 이해해 혼선을 빚기도
한다. 정부는 '디지털성폭력'이라고 말하고, 경찰은
'사이버성폭력'이라고 표현한다. 두 가지 용어가 혼용된다.
맞고 틀린 문제라기보다 용어를 찾아가는 과정 위에 있다.
가령 몇 년 전에는 '몰카', '도촬'이란 말을 썼다. 지금은
사회적 합의가 이뤄져 '불법촬영물'이라고 부른다.

"우리가 단체 이름을 만들 때 여러 가지 논문이나
자료를 많이 찾았어요. '사이버성폭력'을 훨씬 더 많이
사용하고, 더 학술적인 용어로 보기 때문에 단체 이름에
'사이버성폭력'이란 용어를 사용하게 됐어요. 사이버 공간
전반에서 벌어지는 모든 폭력에 대응한다는 발생 공간의
의미를 담으려고도 했고요. 용어를 둘러싼 담론에 대해
계속 고민하고 있어요."

2019년 미국 사이버시민보호기구(CCRI) 미팅.

사이버성폭력이 국경을 초월해 일어난다는 점도 대응을
할 때 어려운 조건 중 하나다. 포르노 사이트는 대부분
서버가 외국에 있다. 외국인이 피해자나 가해자가
되기도 한다. 국제 공조가 잘돼야 수사가 탄력을 받는다.
이런 이유에서 이효린은 2019년에 동료들과 함께
대만의 타이베이여성구조재단(Taipei Women's Rescue
Foundation, TWRF)과 미국 사이버시민보호기구(Cyber
Civil Rights Initiative, CCRI)에 다녀왔다. 두 단체는 미국과
대만에서 사이버성폭력 의제를 다루는 대표적 단체다.
한사성은 대만과 미국을 시작으로 지금까지 여섯 국가의
사이버성폭력 대응 단체와 업무협력(MOU)을 체결했다.

"미국과의 수사 공조가 가장 필요해요. 포르노 사이트의
80퍼센트 이상이 미국에 있고, 트위터나 페이스북도 다
미국에 있어요. 또 미국은 주마다 법이 다른데, 현재 미국
연방법에는 사이버성폭력을 처벌하는 법이 없어요. 그래서
사이버성폭력 관련 연방법을 제정하는 운동이 미국에서
벌어지고 있어요. 미국의 연방법이 제정되면 한국의
피해자들에게 어떤 영향을 줄 수 있는지 힘줘 말하면
도움이 된다고 하셔서, 미국 연방법 제정운동에도 동참하고
있어요."

새로운 싸움의 기술이 필요하다

사이버성폭력의 양상이 달라졌다. 2017년만 해도 비동의
유포가 전체 사이버성폭력 사건의 절반 이상이었다.
현재는 합성피해, 게임 내 성폭력, 사이버 스토킹, 온라인
그루밍 성폭력* 등 성폭력의 유형이 훨씬 다양해졌다. 최근
이효린이 주목하는 현상은 웹하드에서 송출되는 비제이(BJ)
영상이다.

"'벗방'이라고 아세요? 노출하는 비제이가 나와요. 최근에는
불법촬영물에 대한 문제의식이 생겨서 과거에 비해
불법촬영물 유통량은 줄었어요. 그런데 포르노 사이트를
모니터링하다가 '국산 야동'이 없는 건전하고 깨끗한
곳이라고 홍보하는 포르노 사이트가 있어서 들어가봤어요.
그 사이트 카테고리에 'BJ 벗방'이 있는데 그 양이 엄청나요.
600페이지 정도 돼요."

벗방의 메뉴판에는 애교 부리기, 팬티 보여주기, 섹시 댄스
취주기, 젖꼭지 보여주기, 성관계하기 등이 있다. 돈을 내면
그에 상응하는 서비스가 제공된다. 별풍선 200개를 보내면
젖꼭지를 보여주는 식이다. "생방송이었는데, 실제로
성관계도 하더라고요. 카메라에 여성은 상반신만 나와요.

---

* 가해자가 피해자에게 호감을 얻거나 돈독한 관계를 만드는 등 심리적으로
지배한 뒤 성폭력을 가하는 것을 뜻한다.

후배위로 여자가 엎드려 있고 남자가 뒤에서 하고. 남자와 여자가 반나체로 생방송을 이어가요."

이효린은 취업정보 사이트에 비제이 구인공고가 많이 올라온다고 전했다. 내용을 확인하려고 구인 사이트에 들어가봤다. '숙식 제공', '촬영장비 제공' 같은 문구와 함께 비제이를 구한다는 구인광고를 쉽게 볼 수 있었다. 공고의 내용을 보면, 몸만 오면 생활이 가능하도록 모든 걸 제공한다는 이야기다. 성매매 알선업자들도 비슷한 방법으로 일자리를 구하는 여성을 유인한다. 한마디로 벗방은 온라인상의 성매매 공간이다. 더욱 우려되는 점은 이런 방송이 성매매 현실을 왜곡한다는 거다. 구매자와 직접 맞닥뜨리지 않는 탓에 비제이 본인이 성행동을 통제한다는 착각을 주기 쉽다. "비제이 입장에서는 방송을 통해 성관계를 하면 더 나은 환경에서 하는 것 같지 않겠어요? 실제로 구매자와 직접 성매매를 하면 그 와중에 폭력적인 상황에 노출되기도 하잖아요. 그런데 이건 내가 통제할 수 있는 만큼만 하니까 더 안전하다는 생각이 드는 거죠. 그래서 실제로 성매매하는 언니들이 온라인으로 많이 투입되고 있다고 봅니다."

이효린은 이 비제이들이 성매매 여성 못지않게 반인권적 상황에 노출돼 있을 거라고 단호히 말했다. 구매자가 메뉴판을 클릭하면 그 형태의 성행동을 하도록 그루밍

시키는 사람이 회사 내에 있기 때문이다. 그는 인권 피해 상황을 알기 위해 더 면밀한 조사가 필요하다고 강조했다. 비동의 촬영물 배포가 줄고, 동의로 보이지만 실상은 성착취인 영상이 늘고 있는 현실은 한사성이 직면한 과제를 잘 보여준다.

자위 영상을 파는 10대 여성들이 생겨난 것도 유의해서 봐야 할 현상이다. 처음에는 몰랐다. 모니터링을 하다가 알게 됐다. 그는 실태를 알기 위해 구매도 시도해봤다. "말을 걸어서 본인이 만든 영상이냐고 물었어요. 가해자들이 아동·청소년들 그루밍해서 올리는 영상물이라고 생각했거든요. 아닐 수도 있으니까 물어본 건데, '맞다'고 하더라고요. '얼마냐?' 물어봤더니 '세 개에 얼마고 여섯 개에 얼마고 쿨거래(가격을 깎지 않고 거래하는 것)하면 덤으로 몇 개 더 준다' 그러더라고요". 시장가가 형성돼 있는 거예요. 그러면 추가로 영상을 더 주더라고요. 사람들이 얼마나 가격을 후려치는지 정가로 거래하면 덤을 줘요. 그러면서 나보고 샘플 영상을 받아보겠냐는 거예요."

온라인에서 피해 당사자의 자발처럼 읽히는 성 거래가 점점 늘어나고 있다. 아동·청소년의 성보호에 관한 법률(이하 아청법)에 따르면 아동·청소년의 성 관련 동영상 구매는 불법이다. 아청법이 제정된 지 20년이 넘었지만, 여전히 아청법에 대한 동의 수준은 낮다. 여성이 적극성을 띤 것(자발적인 행동)으로 보이는 성행동은 보호할 필요가 없다는 시각을 고수한다. 이중적 성규범 탓에 '백지장같이 하얀 소녀들'의 성만을 보호해야 한다는 시각을 고집한다. "지금은 여성 의사에 반하지 않기 때문에, 합법으로 보이는 영상들이 온라인에서 거래되고 있잖아요. 이런 게 하나의 산업이 돼버렸어요. 그런 동영상과 방송이 문제라고 문제를 제기해도 사회적 합의를 끌어내기가 어려워요. 여성들이 원해서 하는 일처럼 보이니까요. 성착취가 더 악랄해졌어요." 이효린은 어려운 상황에서 싸움의 기술을 계속 고민한다고 말했다.

페미니즘에 대한 백래시가 격심해지는 것도 우려되는 대목이다. 이효린은 2017년 한 대학에서 겪었던 일을 털어놨다. "우리 단체가 촬영 스튜디오 성폭력 피해를 고발한 유튜버가 2차 피해를 당할 때, 그의 미투를 지지하는 성명을 여러 번 냈거든요. [이후 해당 사건의 가해자가 스스로 목숨을 끊었다.] 제가 어떤 대학에서 강의를 한다니까 '한사성은 살인자를 지지하는 꼴페미 단체인데 왜 우리 학교 강단에 서게 하느냐'고 항의성 전화가 쏟아졌어요."

신변에 위협을 주는 일이 생길까봐 오지 않아도 된다고 주최 단체에서 만류했지만, 페미니즘 강의를 원하는 학생들의 바람을 외면할 수 없어서 갔다. 직원들이 강의

2019년 사이버성폭력 피해 경험자의 죽음을
추모하는 '이름 없는 추모제'에서.

내내 그를 엄호하느라 진땀을 뺐다. 심지어 화장실에 갈 때도 바짝 붙어가다가 문 앞에서 볼 일을 마치고 나올 때를 기다려 강의실로 함께 왔다. 누군가 갑자기 달려들어 공격하는 사태를 염려한 까닭이었다. 긴장감이 감돌았다. 혹시 몰라 기차역까지 이효린을 데려다주었다. 기차에 올라타고 관계자가 돌아가는 모습을 창밖으로 본 뒤에야 그는 안도의 숨을 내쉬었다. 독버섯처럼 퍼져 있는 혐오문화를 직접 목격했다.

자리를 갈아입으며

한사성은 2019년에 대표가 바뀌었다. 원래 이효린은 사이버성폭력 피해자 지원 활동을 했다. 창립 때부터 2018년까지 서랑이 대표를 맡았다. 단체 안에서 역할을 바꿔가며 활동을 해왔던 터라 대표도 다른 사람이 맡아보자는 의견이 나왔다. 서랑 또한 대표 역할을 하느라 그동안 못 했던 피해자 지원 업무를 하고 싶어 했다. 이 과정에서 피해자 지원 실무를 경험한 대표는 어떻게 다를까 기대감이 모아졌다. 대표를 바꿀 때가 됐다는 게 모두의 의견이었다. "대표가 되면 조직 전반을 고민하게 되잖아요. 대표를 돌아가며 맡자고 정한 건 조직에 대한 고민을 정해진 대표 한 사람이 계속해서 하는 게 아니라,

조직 구성원 모두가 하길 바라서였어요. 그러면 조직이 더
성장할 거라 믿었어요."

대표를 바꾸는 일은 한사성에게도, 이효린에게도 어려운
일이었다. 활동의 동력을 피해자를 지원하며 얻었던 터라
더 좋은 지원자, 상담자가 되려고 담금질하던 시기였다.
"당시 제 생활의 거의 모든 시간과 에너지를 한사성에
쏟아붓고 있었거든요. 그만큼 피해자를 지원하는 일이
제 삶에 미치는 영향과 비중이 컸어요. 늘 저의 최우선
과제였고 가장 정성을 들였어요."

역할이 바뀌면 그동안 그가 지원하던 피해 사례들을
인수인계해야 했다. 최우선 과제와 고민도 바뀌야 했다.
이효린은 이 과정을 옷을 갈아입는 행동에 빗댔다. "피해자
지원자로서 정체성이 강한 활동가였는데, 대표가 됐어요. 그
일은 대표 옷을 입기만 하면 되는 게 아니라, 제가 원래 입고
있던 지원자의 옷을 벗어야 이룰 수가 있더라고요. 피해자
지원자로서의 옷을 벗는 게 저에겐 격렬한 일이었어요.
엄청 힘들었어요."

특히 공들이고 애썼던 사례를 인수인계할 때 굉장한 통증을
느꼈다. 담당자가 바뀌면 피해 경험자는 새롭게 관계를
맺어야 한다. 사례를 인수받은 사람도 사건을 이해하는
과정을 겪어야 하기에 더 신경 써야 할 부분이 많았다. 그는

자꾸만 피해 경험자의 회복에 인수인계 과정이 영향을 줄까봐 걱정됐다. "인수받은 동료가 사건 파악을 잘할 수 있을지, 자꾸 개입하고 싶어지는 거예요. 참견하고 싶고요. 그때마다 동료를 신뢰하는 마음으로, 피해 경험자는 꼭 내가 지원하지 않더라도 얼마든지 회복할 수 있다고 스스로를 타일렀어요."

자신이 완수하고 싶었고 그럴 것이라 생각했던 것들을 떠나보내는 마음이어서 상실감 비슷한 감정을 느꼈다. "그런 과정을 겪으면서 대표 역할을 수행하고 있다"는 그는 "지원자의 정체성이 아닌 또 다른 활동가로서의 의미를 찾아가는 중"이라고 덧붙였다.

한사성은 활동가 개인의 강점과 취약점 그리고 본인의 의지를 고려해 업무를 배치한다. 누구는 피해 지원 영역에 특화된 성향이나 의지가 있을 수 있다. 반면 두려운 사람도 있다. "처음에는 어떤 역할을 맡길 때, 어떤 일을 줘도 그 일을 잘할 수 있게 만드는 걸 중요하게 생각했어요. 그런데 그걸 계속 수행하도록 하면 강요가 돼 동력을 잃게 되거나 생기를 잃게 되는 부분이 있더라고요. 사람마다 성향이 다르기 때문에 업무를 배치하거나 분담할 때 그 사람의 의지나 성향을 고려하려고 해요."

초창기에 비해 조직의 규모가 커지고, 구성원도 많아졌다.

그만큼 고민해야 할 부분도 다양해졌다. 누구는 야근을 밥 먹듯 해도 만족스럽지만, 다른 누군가에게는 이 조직이 오후 6시가 되면 퇴근해야 하는 일터일 수 있다. 내가 야근을 한다고 다른 이에게 강요할 수는 없다. 밤을 새며 일하는 사람이 제일이고, 그렇게 헌신해야 진정성 있는 활동가라고 할 수는 없다.

이효린은 "다양한 사람을 어우르는 일이 생각처럼 쉽지 않다"며 다른 선배 활동가들은 어떻게 고비를 넘겨갔을지도 궁금하다고 했다. 다급한 마음에 대표가 된 뒤 대표로서 동료들에게 도움을 줄 수 있는 방법을 찾고 싶어 책을 찾아보기도 했다. 하지만 대표는 이러이러해야 한다는 뻔한 이야기만 기록되어 있었다. 그마저도 남성 CEO에 대한 내용이 대부분이라 안 보이는 곳에 치워버렸다. 그는 오랫동안 고민한 끝에 체계를 잘 갖추는 것이 조직 운영의 핵심이라고 결론 내렸다. 조직을 헌신만으로 운영할 수 없다는 걸 알게 됐다고 강조했다.

3세대의 운동

강남역 살인사건을 계기로 페미니즘운동에 입문한 이효린은 3세대 페미니즘운동가다.* 한사성의 다른 구성원들도 그렇다. "3세대의 특징은 온라인에 기반을

두고 있다는 거예요. 특히 뭔가 공정하지 않다고 느낄 때
굉장한 파워를 보여요. 페미니즘 리부트도 온라인에서
시작됐잖아요."

1990년대 중·후반 붐을 이뤘던 페미니즘은 2000년대
중반부터 급격하게 침체됐다. 대학가와 온라인을 기반으로
활동했던 영페미니스트 활동이 대학 학생회 붕괴와 함께
침체된 탓이 크다. 여성부 신설과 군가산점 폐지 판결이
가져온 백래시 영향도 컸다.

침체기는 10년 이상 지속됐다. 그러다 페미니즘
격발의 신호탄이 울렸다. 2015년 2월에 촉발된
'#나는페미니스트입니다 선언'이다. 온라인에서 터져나온
발화가 여성들의 자기 성찰로 이어졌다. 스스로를
페미니스트라고 밝히며 인증샷을 올리는 사람이 많아졌다.
페미니즘운동은 2016년의 강남역 살인사건을 계기로
신국면을 맞이했다. '여성혐오 아웃'이란 팻말을 들고
여성들이 거리로 나왔다. 온라인에서 시작한 미투 열풍은

＊ 1세대(~1990년)가 여성의 시민권 확보에 초점을 맞추면서, 큰 틀에서
민주화운동의 일부를 이뤘다면, 2세대(1991~2015년)에는 여성 문제를
독자적인 범주로 설정하고 법적·제도적으로 개선하려 노력한다. 2016년을
기점으로 삼을 수 있는 3세대(2016~) 페미니즘운동은 법과 제도에 더해
성차별적인 관행·관습, 나아가 감성까지 문제로 삼는다(김지석, 〈김지석의
[화·들·짝]페미니즘의 어제와 오늘〉, 《한겨레》, 2018년 8월 7일 자 참조.)

2018년 당시 한사성 활동가들과 함께한
《한겨레21》 1194호 표지 촬영.

서지현 검사, 김지은 씨의 성폭력 폭로로 절정에 달했다. "온라인 공간의 중요성은 더 강화되고 있어요. 따지고 보면 페미니즘 리부트도 온라인에서 생긴 거고요."

하지만 이효린은 페미니즘 리부트의 물결이 온라인에만 있다가 거품처럼 사라지면 안 된다고 강조했다. 실재하는 땅 위에 남아 있어야 한다고 강하게 말했다. 한사성의 생존도 그래서 중요하다. 그는 온라인 공간을 관통하는 새로운 운동 방법론을 고민하는 중이다. 구체적인 방법을 찾고 있다. "20대는 둘 중 한 명이 자신을 페미니스트라고 말해요. 이런 인식을 개개인이 갖고 있을 때와 그 개인들이 정치적으로 조직화됐을 때, 굉장히 다른 결과를 가져올 수 있잖아요. 흩어져 있는 사람들이 한목소리를 낼 수 있도록, 이 물결을 파도로 만들 수 있는 방법을 고민하고 있어요."

특히 그는 혜화역 시위*에서 여성들이 보여준 힘을 기억했다. "온라인에서 활동하는 젊은 친구들이 이슈를 잘 잡아냈어요. 소라넷이 폐지되기까지의 굉장한 헌신도 있었죠.** 혜화역 시위도 그래요. 수만 명이 모인

---

* 2018년 홍익대학교 미술대학 회화과에서 진행한 인체 크로키 수업에서, 여성 모델이 동료 남성 누드모델의 얼굴과 성기를 몰래 촬영해 웹사이트 워마드에 게시했다. 피해 남성 모델이 고소장을 제출한 이후 전례 없는 빠른 수사가 이뤄졌다. 이를 계기로 성별에 따라 불법촬영 사건 수사를 편파적으로 하는 현실을 규탄하는 시위가 5월 서울 혜화역 일대에서 열렸다.

시위였으니까요. 그렇게 대규모 시위를 준비한다는 게
얼마나 대단한 일이에요." 이효린은 그런 힘을 끌어내는
게 여성운동의 과제 아니겠냐고 말했다. 그러기 위해선
조직화를 바라보는 관점에 대한 소통과 합의가 필요하지
않겠냐고 조심스럽게 덧붙였다.

세계가 부서지는 경험

이효린은 인터뷰 도중 2016년에 자신이 평생 경험한
성폭력을 복기했던 시간이 있었다고 말했다. 쏟아지는
눈물, 콧물을 닦아내느라 글을 적어 내려가기가 힘들
정도였다. 이렇게 많은 성폭력을 일상에서 겪었다는 걸
처음 실감했다. 성폭력인 줄도 모르고 지나갔던 일이었다.
페미니즘을 몰랐다면 역시 그전처럼 신경 쓰지 않고 넘어갈
문제였다. 그는 자신이 "스무 살부터 취약계층으로 산

** 소라넷은 100만 명이 넘는 회원을 보유했던 불법음란물 사이트다.
회원들이 직접 찍은 각종 음란 사진과 성폭행 동영상, 불법 촬영물 등을
서로 공유했다. 스와핑, 윤간, 성매매, 강간을 모의한 성범죄의 온상이었다.
메갈리아를 중심으로 '소라넷 폐지운동'이 시작됐고, 여성들은 소라넷의
범죄 행각을 담은 게시물을 메갈리아 사이트에 올리며 소라넷 폐지
서명을 독려하고 공론화하기 위해 애쓴 결과, 2016년 17년 만에 소라넷이
폐쇄됐다(강푸름, 〈'강간 모의', '디지털 성범죄' 소라넷 폐지〉, 《여성신문》,
2016년 12월 23일 자; 배재성, 〈소라넷 흥망성쇠 17년⋯ 폐쇄 뒤 100만
회원은 유사 사이트로〉, 《중앙일보》, 2016년 5월 31일 자 참조).

사람이었다"며 "부당하거나 과도하다 생각되는 일들도 군소리 없이 다 수행했다"고 쓴웃음을 지었다. '수직구조에 완벽하게 순응한 사람.' 이효린은 한때의 자기 모습을 그렇게 정의했다. 콜센터 직원으로 일하면서 온갖 성희롱과 부당한 일을 감수하고 살다보니, 모두 다 순응하고 '예스, 예스' 하는 사람이 되었다.

그가 "다시는 자본주의 논리가 지배하는 일반 사회에 편입되고 싶지 않다"고 말할 때, 진정성이 느껴지는 건 그런 경험과 맞닿아 있어서다. 이효린은 이렇게 안전한 공간이 있다는 걸 알게 되어 감사하다. 무엇보다 내 가치관에 반하는 일을 억지로 하지 않아도 되는 활동을 할 수 있어 행복하다. "제가 한사성에서 처음 일할 때, 인건비를 못 받아서 주말에만 알바를 했다고 아까 말씀드렸잖아요. 30대 초반이 되니까 알바 시장에 제가 취업할 자리가 없더라고요. 빵집 알바, 치킨집 알바, 피자집 알바를 찾았는데, 나이가 많다고 고용을 안 해요. '아, 이제는 내가 알바 시장에서 부려먹기 좋은 나이가 아니구나' 생각했어요. 결국 갈 데가 콜센터밖에 없더라고요. 다시는 콜센터 일은 하지 말아야지 했는데 돈이 없어가지고요."

돌이켜 생각하면 일면식 없는 개개인이 모여 한사성을 만들고 이만큼 일군 게 신기하다. 운동을 처음했던 사람들인데 한편으론 기적 같다. 없던 조직을 만드는 경험을 한 것이 이효린에게 소중한 자산이다. 과정은 괴로웠지만 시간이 약이라고 성장한 게 보인다. 당시는 발등에 떨어진 불을 끄느라 그걸 깨달을 여유도 없었다. 사업계획서를 쓸 줄 몰라 막막했던 기억, 이리 뛰고 저리 뛰며 여성단체 선배들의 도움을 받아 겨우 계획서를 제출하고 안도했던 일이 주마등처럼 지나간다. 그렇게 한 가지씩 배우며 단체를 다져나갔다.

2020년에 한사성은 3주년을 맞았다. 이효린은 "그동안 한사성이 너무 숨 가쁘게 달려왔다"며 "외부에서 봤을 땐 어엿한 여성단체지만 신설 단체이기 때문에 내부가 안정이 되도록 프로세스를 정리할 필요가 있다"고 말했다. 이런 걸 잘 구축하고 싶다고 덧붙였다. 그래야 다음 대표가 될 사람이 자신과 같은 통증을 덜 느끼지 않겠냐고 강조했다. "대표가 누가 되든지 대표의 옷을 잘 벗어서 잘 입혀주는 사람이 되고 싶다"는 그의 말이 오래도록 마음에 남았다.

어느 조직이든 일하는 과정이 세부화될수록 갈등이 생긴다. 인원이 늘어나면서 초창기 멤버와 새로 들어온 멤버 사이의 괴리도 생겨난다. 서로 간의 공존 방법을 지금도 고민한다는 그는 "매번 사람들을 통해 배우게 된다"고 말했다. "한사성은 저에게 전쟁터이자 안식처이자 배움의 장이에요. 성장의 기회, 여러 가지 복합적인 감정을 가진

공간이죠. 이 공간에서 저는 실제로 싸우기도 하고 위로를
받기도 하고 성장하기도 하고 다치기도 했어요. 사투를
담아내는 공간이에요. 이 공간에서 건강하게 지속할 수
있는 방법을 계속 고민할겁니다."

이효린은 성평등만 지향하면 누구나 페미니스트란
생각에 동의하지 않는다고 했다. 페미니즘은 실천이라는
것. 페미니즘을 충분히 고민하지 않고 실천하지 않을 때
그냥 '이즘'으로 머문다는 말이다. 대부분 페미니즘을
자기 가치관으로 받아들일 때까지 굉장한 통증이 있다.
이효린도 그랬다. 기존에 갖고 있던 가치와 가부장적
부산물들이 부서질 때 굉장한 통증이 있었다고 고백했다.
"굉장히 강렬하게 내 세계가 부서지는 걸 느꼈어요. 그런
과정들이 중요하다는 생각이 들어요. 그런 과정이 있을 때
절대적으로 사유하고 실천하는 것 같아요. 실천하기 위해
내가 무엇을 할 수 있을까 고민하게 되는 것 같아요."

이효린은 요즘 들어 부쩍 목이 탄다. 페미니즘을 다시
마시고 싶다. 그동안 자신을 발끝부터 치약 짜듯 짜냈던
것 같다. 페미니즘에 처음 입문했을 때, 스펀지가 물을
흡수하듯, 몇백 명의 글을 미친 듯 읽던 때가 그립다. 그리고
다시 페미니즘이 나의 업이 되려면, 어떻게 해야 하는가를
고민한다.

이효린은 한사성 활동을 하면서 이전보다 더 투쟁적으로 바뀌었다. 하지만 지금의 모습이 마음에 든다. "지원했던 피해자들의 피해 촬영물 중에서 강렬하게 제 뇌리에 꽂혀 있는 어떤 장면이 있거든요. 그런 탓에 성행위에 대한 거부감이 생겼어요. 말하자면 피해 지원으로 인한 일종의 외상후스트레스를 겪는 거죠. 옛날보다 남성 권력에 훨씬 민감하게 반응하고 투쟁적으로 바뀐 측면도 있어요. 그래도 바꾸고 싶지는 않아요. 나는 지금의 내가 좋습니다."

3장

다가가기 편한 언니로 남고 싶어요

박이경수

대전은 교통의 요지다. 전국 어느 곳을 가든지 편리한
지리적 위치 덕에 철도가 놓였다. 1904년 경부선 선로
공사를 하면서 대전에 들어온 일본인들은 당시 잡초가
무성했던 들과 강변인 본정통(현재 원동), 춘일정(현재 중동)을
개발했다. 특히 철도역 앞에 있는 중동은 일본인들의 향락
중심지로 발달했다. 자연스럽게 성매매집결지가 형성됐다.
《유곽의 역사》에 따르면 당시 중동 유곽 밖에는 여성들의
사진이 내걸려 있어, 고객들은 사진을 보고 유곽을
선택했다.

광복 이후 유곽은 폐쇄됐지만 이곳에서 성착취 행위가
사라지지 않는 것은 춘일정을 기억하는 많은 남자들의
발걸음 때문이다. 지금도 옛 춘일정 자리를 중심으로
성매매 여관이 남아 있다.

이 좋은 걸 다른 사람과 나눠야겠다

박이경수(대전여민회 사무국장)는 여성운동의 최전선이라는 성착취 현장에서 10년 넘게 일한 활동가다. 97학번인 그는 대학 총여학생회 활동을 통해 페미니즘에 입문한 세대다. "90년대 후반에 총여학생회나 영페미니스트 중심으로 월경이나 성에 대한 이야기가 많이 담론화가 됐잖아요. 제가 그 세대예요."

페미니즘 세례를 받은 후, 그에게 일어난 첫 번째 변화는 자기 몸을 사랑하게 됐다는 것이다. 그는 어릴 때부터 덩치가 컸다. 살 빼라는 잔소리를 귀에 딱지가 앉도록 들었다. '나는 왜 이렇게 뚱뚱하지?' 자신의 몸을 탓하진 않았지만, 좋게 생각하기도 어려웠다.

"대학 2학년 때, 지역 여성단체에서 주관한 페미니즘 캠프에 총여학생회 선배들과 참여했어요. 그때 내가 남의 시선으로 나를 바라봤다는 걸 알게 됐어요. 여성은 좀 날씬해야지, 하는 생각이요. 남성 중심적이잖아요. 나도 모르게 내가 그 틀에 맞춰 살았구나 하고 깨달았죠."

해방감은 컸다. 하지만 한국사회에선 '여성이라면 이래야지, 남성이라면 이래야지' 하는 요구사항이 많다. 자신도 모르게 그런 성별화된 생각이 불쑥불쑥 튀어나왔다. 기울어진 생각을 바로 세우려면 연습이 필요했다. 이를테면 매일 전신 거울 앞에 서서 뚱뚱한 자기 몸을 쓰다듬었다. "사랑해, 너는 최고야" 같은 말도 덧붙였다. 대학을 졸업할 때까지 아침마다 거울 앞에 서서 자신에게 긍정적인 메시지를 계속 불어넣었다. 페미니즘의 근육이 점점 불어났다. 허리 사이즈 같은 예쁜 몸에 대한 기준에서 점점 자유로워졌다. '페미니즘은 행복한 것'이라고 무릎을 치고는, '이 좋은 걸 다른 사람에게도 알려주자'고 결심했다.

2001년 대학을 졸업하자마자 본격적으로 여성운동에 뛰어들었다. 처음 일했던 곳이 대전여민회*다. 초반에는 대전여민회에서 자원활동을 했다. 그때 성폭력 피해자를 지원하며 경찰서에 동행을 하기도 했다. 지금도 그때 일이 눈에 선하다. 성폭력 문제를 바라보는 경찰들에게는 인권 감수성이 없었다. 피해자가 경찰로부터 2차 피해를 겪는 경우가 허다했다. 피해자가 조사 과정에서 마음이 동요되지 않도록 힘을 주는 게 중요했다. 그리고 활동가와 피해자가 관계 형성을 잘하는 게 무엇보다 중요했다. 그는 병아리 활동가였을 때 캤던 보석 같던 깨달음을, 15년이 지난 지금도 마음 한편에 품고 있다.

박이경수는 좋은 상담자다. 따뜻한 성격 덕분이다. 어릴 때부터 착한 아이, 인사성 밝은 아이란 칭찬을 꼬리표처럼

* 1987년 대전 지역에서 최초로 만들어진 진보 여성운동 단체다.

여섯 살 무렵, 충남 예산 집에서.

달고 살았다. 그는 자신의 그런 성격이 좋다고 말했다. 평소엔 배려심 많고 따뜻하지만 목소리 높일 때는 높인다. '착한 여자 콤플렉스'와는 다르다. 그는 자신이 다가가기 쉬운 사람이면 좋겠다고 덧붙였다. 편안해서 대전여민회를 찾는 많은 여성들이 쓰고 있던 가림막을 자신 앞에서 조금씩 내릴 수 있는, 그런 활동가로 현장에 남고 싶기 때문이다.

그가 처음 활동을 시작했던 2001년은, 새로운 세기에 대한 전망과 기대로 폭죽을 터트리던 시기였다. 특히 거버넌스(governance)가 강조됐다.* 정부와 시민단체가 협치해 사회문제를 해결해야 한다는 인식이 꽃피던 시기였다. 그는 자신이 운 좋게 시기가 맞아서 제도적 혜택을 받은 페미니스트 세대라고 말했다. 총학생회가 가장 꽃피던 시기에 대학에 들어가 페미니즘운동의 세례를 받았다. 거버넌스가 사회문제 해결 모델로 각광받을 때 여성운동을 시작했다. 너무 좋아 자원활동으로라도 하고 싶던 여성운동을 직업으로 갖게 된 건, 정부가 시민사회를 파트너로 인식하고 재정적 지원을 해주게 된 것과 연관이 있다.

---

* 김대중 정부 때부터 민관이 협치해 사회문제를 해결하자는 의식이 싹트기 시작했다. 이때부터 여성운동의 제도화가 시작됐다.

2001년 대전여민회에서 반상근 활동가로
일하던 시절.

성매매 카르텔

그가 직업 페미니스트가 된 건 2003년도다. 당시 대전여민회는 실직 여성 가장을 지원하는 사업을 진행했는데, 그는 해당 사업의 일환이었던 근로의욕증진 프로그램의 담당 간사로 1년간 일했다. 그 후 대전여민회 활동가로 취업했다. 처음엔 대전여민회 사무국이 그의 일터였다. 2004년 9월 성매매특별법이 시행된 후 대전여민회 부설 성매매여성인권지원상담소 느티나무(이하 느티나무 상담소)로 자리를 옮겼다. 성착취 현장에서 구조 요청을 한 언니*들을 데려와 상담, 법률, 의료 지원을 했다. 유천동 집결지**에서 일했던 언니들이 많았다.

"언니들의 사연을 들으면 눈물을 안 흘릴 수가 없었어요. 매상 올리려고 온갖 변태적인 쇼를 하게 하고. 그 때문에 질에 염증이 생겨 내원하는 경우도 많았다고 하고요."

언니들은 업소에서 모든 걸 해결한다. 밖에 나갈 일이 없게, 감시하기 쉽게 만들어진 시스템이다. 밥은 업소 식당에서 먹는다. 일을 하려면 드레스를 입고 머리를 올려야 하는데, 미장원 원장과 의류 상인이 업소로 찾아온다. 머리도 올려주고 드레스도 판다. 심지어 거래 은행에서도 담당자가

---

* 여성 간의 평등한 자매애를 지향해 사용하는 호칭이다.
** 성매매 업소가 열 개 이상 모여 있던 대전의 지역이다.

찾아온다. 먹이사슬처럼 서로 얽혀 있다. 카르텔이 형성돼 있는 것이다. 유일하게 밖에 나갈 때가 목욕 갈 때다. 그때도 어김없이 '삼촌'이 따라나선다. 도망가지 못하게 목욕탕 앞을 지키고 서 있다.

언니들은 일을 시작할 때부터 빚이 생긴다. 소개쟁이가 언니를 성매매 업소로 데려오면 업주가 그 자리에서 현금으로 소개비를 준다. 업주는 소개비를 언니 빚으로 계산한다. 그 빚을 다 갚으면 업소를 자유롭게 나갈 수 있다. 그런데 빚을 갚으려고 아무리 열심히 일해도 빚이 줄지 않는다. 오히려 눈덩이처럼 커진다. 왜 그럴까. 들여다보면 이해가 된다.

성구매자에게 받은 돈은 업주와 언니가 50 대 50으로 나눈다. 밥값, 머리하는 비용, 의류비 같은 생활비를 제외한 남은 돈은 모두 빚을 갚는 데 사용한다. 어느 정도 갚았구나, 이제 이곳을 나갈 수 있겠다 싶을 때 몇천만 원 빚이 또 생긴다. 이렇게 만드는 구조가 있다. 언니들 옆에는 업주와 연결된 '기둥서방'들이 있다. 이들은 기댈 곳 없는 언니들에게 잘해주면서 마음을 뺏는다. 그러곤 자꾸 돈을 요구한다. '잡혀가게 생겼다' '어머니가 돌아가시게 생겼다' 이유도 다양하다. 몸과 마음이 그에게 가 있는 탓에 업주에게 돈을 빌려서라도 갖다주는 언니들이 많다.

구조적으로 계속 빚을 만든다. 건강 문제도 심각하다. 해가 거듭될수록 몸이 망가져 여기저기서 신호를 보낸다. 일을 못 하는 날이 계속되면 생활비를 업주에게 가불하게 된다. 빚이 또 는다.

언니들이 속아서 왔든 알고 왔든 상관없이, 성착취로 돈을 버는 사람들 간에 견고하게 카르텔이 형성돼 있어 한번 발을 들이면 빠져나가기 힘들다. 그곳에서 벌어지는 폭력도 업소를 도망가지 못하는 원인 중 하나다.

"성매매집결지 업주들은 도망간 여성을 잡아다가 산으로 끌고 가 죽도록 때리고 나무에 매달아 놓는다거나 땅을 파서 머리만 내놓은 채로 묻어놓는다는 이야기를 언니들 사이에 퍼지도록 만들어요. 도망가지 못하게 하는 장치로 사용하는 거죠. 실제로 그런 일을 겪은 언니 이야기도 들은 적이 있고요."

나중엔 체념 상태로 살아가게 되기도 한다. 언니들은 대부분 정말 죽겠구나 하는 최악의 상황이 되지 않는 한 구조 요청을 안 한다. "유천동 집결지 업소들은 2008년 이전에 감금하고 운영했어요. 감시 감독이 굉장히 삼엄했기 때문에 정말 내가 어떻게 될지 모른다는 각오로 구조 요청을 한 경우들이에요."

구출 작전은 첩보 작전을 방불케 한다. "언니들이 핸드폰을 못 쓰니까 손님 핸드폰을 빌려서 구조 요청을 하거나, 가족을 통해서 구조 요청이 왔어요. 손님에게 따로 부탁해서 그 사람이 상담소로 와서 구조 요청을 해주는 경우들도 있었고요. 굉장히 위험하죠. 막말로 손님이 업주한테 가서 말할 수도 있는 거잖아요. 그렇게 도움을 주는 손님들이 있긴 있었어요."

구조는 경찰 도움 없이는 할 수 없다. 처음 구조 요청이 왔을 때에는, 경찰에게 업소 이름을 알려주고 갔다. 그런데 업소에 가면 정작 언니들이 없었다. 다음에도, 그다음에도 그랬다. 여러 번 그런 일을 겪고 나서는, 경찰에게 업소 이름을 알려주지 않았다. 경찰과 업주가 유착했다는 강한 의심 때문이었다. 구조 요청이 왔다고 먼저 말을 하고, 출동한 뒤에 업소 이름은 근처에 와서 말해줬다.

"경찰들이 못 믿는 거냐고 엄청 기분 나빠했어요. 그런데 어쩔 수 없잖아요. 계속 허탕치니까. 당신들이 못 믿게 행동하지 않느냐 하면서 안 알려줬어요. 유천동 집결지 근처에 하이마트가 있었거든요. 우리는 우리대로 경찰은 경찰대로 따로 출발한 후에 하이마트 앞에서 만나서 업소 이름을 알려주고 같이 갔어요."

구조 활동을 할 때는 불법행위인 성매매를 했다는 물증을 확보하는 게 중요했다. 경찰들이 현금통이나 카드전표,

장부를 확보하는 동안, 활동가들은 흩어져 언니들을 찾았다.
경찰은 협조적이지 않았다. 우두커니 서 있거나 업주와
이야기를 나눴다. 그 과정에서 유착을 강하게 의심할 수
있는 광경을 목격했다.

업주가 형사한테 담배를 주면서 "요즘 건강이 안
좋다면서요?" 말하는 걸 들었다. 언니들이 도망가는 걸
어려워했던 데는 경찰이 업주 편이라고 생각했던 이유도
컸다.

물증을 찾기 위해 눈에 불을 켜고 찾다보면 냉동실 같은
데서 콘돔이 나오기도 했다. 어떤 업주는 언니들에게
콘돔을 먹게 시키기도 했다.

'청소년 출입금지'가 붙어 있는 유천동 성매매집결지는
무법천지인 곳이었다. 업주 뒤를 봐주는 사람이 있었다.
정화위원장이란 직책으로 활동했는데, 한마디로 막가파
스타일이었다. 전국 성매매 업소 업주조직에 가입하지 않을
정도로, 유천동 집결지는 정화위원장이 중심이 된 견고한
카르텔이 형성된 곳이었다.

성매매집결지 아웃리치* 활동을 하던 20대 활동가들에게

* 성매매 여성을 지원하는 기관에서 관련 업소의 대기실에 있는 여성들을
방문해, 지원기관의 리플렛과 홍보물품을 전달하면서 지원체계를 알리고
상담하는 활동이다.

"아줌마, 아줌마" 해대는 건 새 발의 피였다. 한번은
느티나무 상담소가 유천동 모 성매매 업소를 고발해
영업정지를 당한 적이 있었다. 그러자 아웃리치 활동가들
앞에서 웃통을 벗고 온갖 욕을 해대며 난동을 부리기도
했다.

결국 돈이에요

유천동 집결지는 전국의 집결지 중에서도 악명이 높았다.
1년에 한 명씩은 꼭 언니들이 죽어나가는 곳으로 유명했다.
업주에게 맞아 죽는 언니들도 있었지만, 처벌받는 사람은
없었다. 대부분 언니들끼리 싸우다 그렇게 된 걸로
처리됐다. 빚이 무기였다. "얼마 까줄 테니까 너희끼리
싸우다가 그랬다고 해라" 시키면 그만이었다. 카르텔이
얼마나 견고한지 업소 여성이 도망가려고 택시를 타면 택시
기사가 업체로 다시 데려다줄 정도였다. 업체로 데려오면
업주는 택시 기사에게 여성 한 명당 2만 원, 혹은 3만 원을
줬다. 기사들은 그걸 현금을 벌 기회로 받아들였다. 모든
것이 돈으로 연결돼 있었다.

빚 때문에 우물에 빠져 죽은 언니도 있었다. 맞아 죽고 물에
빠져 죽는 사건이 생기는데도 경찰은 방관만 했다. 성착취
문제에 관심을 갖지 않는 사회에 대한 분노가 극에 달했을

때, MBC 〈PD수첩〉 기자가 제보를 받았다며 연락을 해왔다. 이제 지역에서 조금이나마 성착취 문제에 관심을 보이지 않을까 실오라기 같은 기대를 가졌다.

2006년 3월 14일 〈PD수첩〉은 "대전 유천동 집결지 실태"를 방송했다. 유천동에서 일본으로 팔려가는 언니들이 있다는 제보를 받고, 기자가 손님으로 위장 잠입해 취재했다. 취재 중 들통나 쫓겨났지만, 취재한 내용과 대전여민회를 통해 소개받은 유천동 탈성매매 여성 등을 인터뷰해 방송을 내보냈다. 〈PD수첩〉을 통해 유천동 업소의 성매매 실태가 다뤄진 것이다. 특히 대전 유천동의 성매매 업체 중 한 업체가 2004년 성매매특별법*이 제정된 후, 제약이 많다는 이유로 데리고 있던 종업원을 일본으로 팔아넘기고 있다고 폭로했다.

방송 예정일이었던 3월 14일 오후 9시. 느티나무 상담소에는 활동가들이 속속 모여들었다. 함께 〈PD수첩〉을 시청하기 위해서였다. 9시 40분, "이제 시작하겠다"며 모두 텔레비전 앞에 앉았다. 자연 다큐멘터리 프로그램이 나왔다. 대전 지역만 지역방송을 내보낸 것이었다. 방송국에 쫓아가 항의했지만 "지역은 자체 프로그램을 편성할 수

---

* 성매매알선 등 행위의 처벌에 관한 법률(성매매처벌법)과 성매매방지 및 피해자보호 등에 관한 법률(성매매피해자보호법)을 말한다.

있다"는 앵무새 같은 답변만 반복해 들었다. '성매매 업체와 방송국이 한통속이구나' '업체가 방송국까지 집어삼켰구나' 암담했다. 무기력에 시달려야만 했다.

하지만 마음의 화살표는 앞으로 나가야 한다고 가리켰다. 증언자니까. 언니들의 참담한 현실을 본 증인이니까 뭐라도 해야 한다고 생각했다. 그 와중에 유천동 모 업소 마담이 종업원들을 데리고 집단 탈출을 감행했다. 목욕을 가는 척하고 나와 '삼촌'들을 따돌렸다. 택시를 잡아탔다. 무조건 대전경찰청으로 데려가달라고 했다. 지역 경찰서로 가지 않은 건 경찰이 업주와 유착돼 있는 걸 잘 알기 때문이었다.

경찰청에서 연락을 받았다. 구조 요청한 언니들이 와 있는데 대전여민회에서 데리고 있을 수 있느냐는 전화였다. 언니들을 차에 태워 데려오는데, 편하게 앉아 있지도 못했다. 업주가 쫓아와 데려갈까봐 무서워 뒷자리에 웅크리고 앉아 벌벌 떨었다. 그는 "부들부들 떠는 언니들의 몸을 꼭 안았는데 쿵쾅거리는 심장 소리가 전달돼 자신도 쪼그라들 것만 같았다"고 말했다. 한 업체 종사자 전부가 집단 탈출을 감행한 데는 이유가 있었다.

크리스마스 이브 낮이었다. 크리스마스 파티를 하며 이야기꽃을 피우던 중, 켜놓았던 초가 그만 넘어져버렸다. 깔고 있던 신문지에 불이 붙었다. 서둘러 꺼서 큰일이 벌어지지 않았지만 다들 혼비백산했다. 밖으로 나가려고 현관문 손잡이를 비틀었는데 헛돌기만 할 뿐 문이 안 열렸다. 밖에서 잠가버린 것이었다. 이곳에 계속 있다가는 무슨 변을 당할지 모르겠다는 생각이 들었다. 비슷했던 사건이 그 자리의 모두에게 떠올랐다. 2002년 발생한 대명동 화재사건이었다. 그보다 2년 전이었던 2000년에 일어났던 개복동 사건도 마찬가지였지만 성매매 업소에서 일하던 언니들이 감금돼 있던 탓에 빠져나오지 못해 인명 피해가 컸다.* 피해자들이 감금 상태에서 성매매를 강요받았다는 사실이 알려졌다. 언니들의 비인권적인 실태가 알려지면서 2004년 성매매특별법이 제정됐다. 그후 성매매만 담당하는 여경기동대도 설치됐다. 성매매 업소들에 대한 처벌이 강해졌다. 구속은 아니었지만 집행유예가 판결되기도 했다. 무엇보다 성매매특별법이 생기면서 언니들 스스로 성매매를 바라보는 눈이 바뀌었다. 자신들을 피해자로 보기 시작한 것이다. 유천동 업소의 집단 탈출도 그러했기에 가능했다.

* 대명동 화재사건이란 2000년 9월 19일, 군산시 대명동의 유흥업소의 화재에서 창문에 쇠창살을 달고 출입구를 두꺼운 철제문으로 잠군 탓에 안에 있던 성매매 여성 중 5명이 질식사했던 사건이다. 개복동 화재사건은 2002년 1월 19일, 앞서 화재가 있었던 대명동과 인접한 개복동 유흥주점에서 일어난 사건으로, 인신매매로 팔려와 감금당한 채 성매매를 강요받던 여성 14명과 남자 업주 1명이 사망했다.

집단 탈출이 감행되고 며칠이 지난 뒤, 대전여민회에 해당 성매매 업소 사장이 들이닥쳤다. "조폭이 이런 거구나 싶었죠. 그 사람들이 상담소 들어오는 문 앞을 그랜저로 우리 못 나오게 딱 막고 짜장면 시켜 먹더라고요. 상담소 안으로 들어와서 '야, 내 돈 떼먹은 범죄자들이 여기 다 있구나' 이러면서 상담소로 들어오는 복도에 있는 테이블을 막 발로 차고."

경찰에 신고를 했다. 경찰이 출동해 데려갔다. 경찰이 오기 전까지 공포 속에서 떨어야만 했다. 실제로 성매매에서 벗어나려면 빚 문제를 해결하지 않고는 어렵다. "과거에 이런 일이 많았어요. 도망가서 3년 뒤에 결혼을 했는데 업주가 찾아온 거예요." 업주가 찾아오면 어쩌나 하는 두려운 마음은 말로 설명하지 못할 정도다.

성매매특별법에 따르면 선불금은 갚지 않아도 된다. 업주가 성매매를 시키기 위해 먼저 준 돈이란 걸 입증하면 된다. 형사고발을 통해 먼저 성매매 알선자라고 고소한다. 처벌이 된 후에 민사소송을 다시 진행한다. 업주가 차용증을 증거로 내세우기 때문에 채무부존재확인 소송을 해야 한다. 그런 뒤에야 빚이 없어진다. 이 모든 과정을 언니들과 함께하는 게 느티나무 상담소의 역할이었다.

성매매로 인한 빚을 증명하는 과정이 쉽지는 않다.

장부나 신용카드 전표, 손님 연락처 같은 게 물증이 된다. 성매매특별법이 제정된 이후 업주들은 대부분 장부를 쓰지 않는다. 흔적이 남지 않게 뒤처리를 한다. 그래서 경찰이나 검찰이 성착취를 바라보는 눈에 따라 재판이 지난해지기도, 좀 쉽게 가기도 한다. 경찰이나 검찰이 '성매매로 받은 선불금이란 게 입증이 안 된다. 돈을 업주에게 받은 게 사실이니까 빚이 맞다. 안 갚으면 사기죄에 해당된다'고 주장하면 참 힘든 싸움이 된다.

"성매매 알선으로 유죄 판결이 나도, 지금은 징역형이 안 나와요. 2004년만 해도 징역형이 나왔거든요. 집행유예라도 나왔어요. 지금은 대부분 300만 원 벌금형이 나와요. 업주한테 300만 원은 하루에 한 시간만 일해도 벌 수 있는 돈이에요. 아무것도 아닌 거예요."

박이경수는 지금 있는 성매매특별법을 제대로 집행만 해도 성착취가 많이 줄어들 수 있다고 말했다. 성매매특별법에 따르면 재산몰수도 할 수 있다. 판사가 그런 판결을 내리지 않는 것이라고, 강력하게 법 집행을 안 해서 계속 성매매 영업이 이루어지는 것이라고 분통을 터트렸다. 영업정지도 큰 타격이긴 하다. 하지만 업주들은 영업정지를 당하면 그때 업소 리모델링을 한다. 영업정지가 끝나면 오픈해서 또 손님을 끌어모은다. 몰수, 추징을 해야 한다. 리모델링을

할 돈도 없게, 다시 못 일어서게끔 강하게 처벌해야
성착취가 없어진다고 강조했다.

"간단해요. 성매매로 수익이 발생하지 않으면 누구도 하지
않을 거예요. 성매매로 어마어마한 돈을 벌어들이는 사람이
있기 때문에 안 없어지는 것이고 그걸 정부가 방치하는
거죠."

"모든 업소가 문을 닫겠다"

유천동 집결지에서 일어나는 인권유린 실태가 심각했던
탓에 전국의 여성단체들이 집단행동에 나섰다. 2008년 5월
16일, '유천동 집결지 인권유린 해결을 위한 직접행동의 날'
현수막을 들고, 전국의 여성단체 활동가 150여 명이 집결지
안으로 들어갔다. 이를 막는다고 업소마다 관계자들이
나와 활동가들을 둘러쌌다. 마스크를 쓴 언니들도 보였다.
언니들은 외쳤다. "우리를 노동자로 인정해달라" "우리는
폐쇄를 원하지 않는다" "생존권을 보장하라" 악을 썼다.
진입하려는 활동가들을 막는 과정에서 현수막이 찢어지고
피켓도 뺏겼다. 박이경수는 언니들과 대치하고 있는 게
마음이 아파 눈물을 계속 흘렸다.

"바보야, 너희는 속고 있는 거야!" 누군가가 외쳤다.

탈성매매 후 반성매매운동을 하고 있는 당사자
활동가였다. 얼마나 울었는지 눈이 빨갛게 충혈돼 있었다.
더는 언니들과 대치할 수 없었다. 겨우 통로만 확보해
빠져나왔다. 경찰은 그저 바라만 보고 있었다. 집회를
중단하고 인근에 있는 대전 중부경찰서 앞으로 이동했다.
그 앞에서 집회를 이어갔다.

삼촌들과 언니들이 택시를 타고 따라왔다. 경찰서는
활동가들이 못 들어오게 문을 닫아버렸다. 사람들은
"시민이 서장 만나러 왔는데 문을 닫냐"며 소리를 질렀다.
화가 치밀어 몸이 새까맣게 타들어갈 것 같은 날이었다.
항의 면담도 진행했다. 유천동 업소에서 탈출한 언니들의
증언을 모았다. 꼭 유천동 집결지를 폐쇄하겠다는 의지를
갖고, 할 수 있는 건 다 했다.

당시 대전 중부경찰서 서장이 황운하였다. 부임한 지
얼마 안 됐는데, 성매매 근절에 대한 의지가 강했다.
티에프(TF)팀을 꾸려 그해 7월에 종합대책을 발표했다.
'집결지에서 나온 여성은 처벌하지 말고 보호해야 한다'
'업주에 대해서는 단호한 처벌이 있어야 한다' '이후에 다시
집결지가 되지 않도록 폐쇄 과정이 있어야 한다'는 게 주요
내용이었다. 그동안 느티나무 상담소에서 줄곧 요구해왔던
주장이 다 들어가 있었다. 경찰이 의지를 가지면 되는구나

느끼는 순간이었다.

강력팀 소속 경찰이 68개 업소를 나누어 담당했다. 한 업소를 단속하면 완전 탈탈 털 수 있게 성매매방지법은 물론이고 세무, 소방, 위생, 건축 등 관련 법을 모두 적용해 업주를 구속하고 건물주를 압박했다. 하나 걸리면 뿌리를 뽑았다. '걸리면 죽는다'는 걸 느끼게 했다. 동시에 여성들에게는 '처벌하지 않겠다' '내부고발자로 포상한다' '당신들이 겪고 있는 인권침해의 내용을 언제든 경찰을 믿고 이야기하라'는 메시지를 일관되게 줬다. 언니들이 신고를 많이 했다. 수사에도 적극 협조했다. 대책을 발표한 지 두 달만인 9월 17일에 업주 대표가 선언했다. "모든 업소가 문을 닫겠다." 백기투항이었다.

"제가 아는 경찰들도 그 전부터 '그 골목에 경찰만 계속 배치해두면 업소들 문 닫는다'고 그랬어요. 경찰이 있는데 누가 성구매하러 오겠어요. 성구매하러 오는 사람이 없으면 돈 못 벌잖아요. 그걸 한 거죠. 그래서 24시간 경찰을 배치한 거예요. 그러니까 장사가 안 되고, 업주들이 두 손 든 거예요."

불법인 성매매가 허용되는 이상한 현실. 그것을 가능하게 했던 검은 카르텔. 유천동을 휘감던 검은 세력이 일망타진되면서 언니들에게 자유가 주어졌다. 빚 문제가 해결되면서 다른 일을 할 수 있게 됐다.

업주들은 뿔뿔이 흩어졌다. 대부분은 유성, 계룡, 논산으로
옮겨 장사를 계속했다. 논산의 한 업소에서 언니들이
폭행을 당해 그중 한 명이 사망한 사건도 발생했다.
유천동과 다를 바 없었다. 또 다른 업소에서 간판을 바꿔
달고 뒤를 봐주는 세력과 연합해 여성들을 갈취하는
성산업을 이어갔다.

가장 중요한 건 마음이에요

하지만 박이경수는 유천동 집결지 폐쇄가 갖는 의미가
크다고 말했다. 재산몰수까지 한 처벌이 아니었던 까닭에
지역을 옮겨 영업을 계속하고 있지만, 두 번의 군산 성매매
업소 화재사건에도 불구하고 2008년 이전까지 감금 상태로
영업을 하던 악명 높은 곳이 유천동 집결지였다. 그런 곳이
폐쇄됐다는 것, 그 덕에 갇혀 지내면서 계속 성착취를
당해야 했던 종사자들이 새로운 삶을 찾게 되었다는 것은
고무적인 일이라는 것이다. 진달래가 피는가 싶었는데
어느새 붉은 낙엽이 떨어지고, 얼마 안 가 하얀 눈이 소복히
쌓이는 사계가 2003년부터 열일곱 번 반복된 세월이다.
오랜 시간 그가 붙들고 지키고 싶었던 건 무엇일까?

"마음이에요. 일로만 관계를 맺는 게 아니라, 그 사람을 지지하는 마음을 보여주는 관계를 맺는 거요. 여성들이 탈업한 후에 다른 일을 찾는 과정을 겪잖아요. 성매매 경험이 심리적으로 힘든 경험이거든요. 대다수가 바로 자활을 하기가 쉽지 않아요. 오르락내리락하는 과정에 있을 수밖에 없기 때문에, 탈성매매한 분들의 마음 봐주는 일을 많이 했어요."

현장에 있으면, '요즘도 그런 일이 있어?' 라고 놀랄 정도의 일을 목격하게 된다.

"어떤 언니를 몇 년 동안 끌고 다니면서 이 업소 저 업소로 보내서 일 시키고, 선불금은 자기가 다 땡겨 쓰고, 돈도 자기가 다 관리한 사람이 있었어요. 업소로 갈 때마다 선불금을 받으니까 그게 다 그 언니 빚이 되는 거예요. 그런데 끌고 다닌 사람이 옷 파는 여자였어요. 피해자 말이 그 여자가 어떤 업소 마담 밑으로 가라고 했다는데, 그때 빚이 1억이었대요. 이게 얼마 안 된 사건이에요. 대부분은 빚 때문에 도저히 어떻게 할 수가 없을 때 상담소에 찾아와요."

이 언니는 1주일에 두세 번씩 자해를 시도해서 그때마다 쫓아갔다. 경찰에 신고하고, 새벽에 병원 응급실로 달려가는 일을 한참 겪었다. 그런데 그런 행동을 계속 받아주고 하소연하는 이야기도 들어주다보니 차츰 나아졌다. 업소를 그만두고 다른 일을 찾기 시작하더니 자해를 시도하는 횟수도 줄었다. 피해자 본인이 문제를 해결해가는 힘이 생겨나는 걸 보며 박이경수는 보람을 느꼈다. 얼마 전에는 그 언니의 아이 돌잔치에 다녀왔다며 흐뭇해했다.

그는 옆에서 봐주는 사람이 있으면 좀 빨라질 수 있지만, 탈성매매 후 다른 일을 하며 살아가는 게 본인의 노력, 본인의 의지 없이는 안 되는 일이라고 강조했다. 아침에 일어나서 버스를 타고 출근하는 것도 언니들에게는 어려운 일이기 때문이다. 버스를 타면 성매매 여성이라고 비난할 것 같아 다리가 후들거린다. 오랜 세월 밤에 일하고 아침에 자던 습관 탓에 오전 9시에 출근하기도 어렵다. 남들의 평범한 일상을 살아갈 수 있을 정도로 좋아지기까지 자기 자신과 얼마나 사투를 벌여야 할까. 박이경수는 '본인의 의지'란 말을 천천히, 또렷하게 말했다. 그리고 의지를 가질 때까지 기다려주는 게 활동가의 일이라고 말했다.

지난 2018년 여성인권티움*에서 대전 지역 성매매 실태조사를 했다. 실태조사 과정이 어려웠다. 유흥업소로 등록한 업소 자료를 관청에서 받은 후에, 그 자료를 갖고 업소를 돌아다니며 조사를 했다. 업주가 싫어해서

* 대전여민회에서 2010년 분화된 반성매매운동 단체다.

들어가서 눈으로 보고 확인하는 정도라 조사가 100퍼센트 정확하지는 않다. 그러나 학원이 포진된 대전 둔산동 지역 상가에 주점이 함께 있다는 것은 정확히 확인했다.

"거기가 사실상 성매매가 없는 업소라고 하더라도 여성을 접객원으로 끼고 술을 마시는 곳들이잖아요. 그런 곳이 있는 건물에 학원이 같이 있는 건데 그걸 가만히 놔두는 것 자체가 이해가 안 돼요. 유흥업소랑 학원이 같이 있는데, 그 학군 좋은 둔산동에 있는 학부모들이 아무도 문제를 제기하지 않는다는 건 너무 심각하다고 생각해요. 아이들이 학원에 가거나 집에 갈 때 엘리베이터를 타잖아요. 조금 전에 여성들을 끼고 술 마시며 놀았던 어른들이 함께 엘리베이터를 타고 있는 아이들을 어떻게 바라볼지 생각하면 끔찍해요."

운동은 계속되어야 한다

박이경수는 2019년에, 여성인권티움에서 대전여민회로 일터를 옮겼다. 2층짜리 단독주택 건물이고, 마당에는 매화꽃이 흐드러지게 피어 있다. 하늘을 향한 분홍 폭죽이 팡팡 터진 것 같은 매화나무는 이 집의 자랑거리다. 회원들이 십시일반 모은 돈으로 구입했다. 이사 왔을 때, '대전여민회'라는 주황색 간판을 보고 뭐하는 곳인지 동네분들이 궁금해했다. 그중 한 분이 먼저 말을 걸어왔다.
박이경수는 그때 아차 싶었다. 먼저 인사를 하고 소개도
했으면 좋았을 텐데 아쉬웠다. 그때부터 동네분들을 만나면
먼저 인사를 한다. 인사성 밝고 활달한 사무국장 덕분에
대전여민회는 지역에서 좋은 평가를 받고 있다.

"동네분들이 대전여민회가 뭐하는 곳인지 조금은 아셨으면
좋겠어요. 쉽지는 않을 거라고 생각해요. 그래서 일정
공간을 주민들의 공유 공간으로 쓰면 어떨까 생각을 했던
건데 사업상 지금은 여의치 않아 아쉬워요. 언젠가는 꼭
그렇게 하고 싶어요."

사회정의를 실현하는 것도 중요하지만, 생계도 유지해야
되는 젊은이들에게 재정난에 허덕이는 여성단체에서
일하는 건, 갈등되는 일이다. 경제적인 이유로 대전 지역도
오랜 기간 20대 운동가가 재생산되지 않는 어려움에
직면해 있다. 하지만 최근 1~2년 사이에 작지만 변화의
조짐이 보이기 시작했다. 정부가 청년취업 지원 정책
중 하나로 엔지오(NGO) 청년활동가들에게 임금 지원을
해주면서부터다. 페미니즘 리부트를 통해 페미니즘을 접한
20대 청년들 중 여성단체 활동가로 첫 사회생활을 시작하는
케이스가 생겨나기 시작했다. 그는 어려움 속에서도
함께하는 사람이 있어 한 발짝 내딛는 걸음에 힘이 실리는

2019년 대전여민회 여성주의 강좌를 마치고
활동가들과 함께 낙태죄 폐지와 안전한
임신중지를 지지하며.

것 같다고 활짝 웃었다. "선배는 먼저 시작한 사람이란 의미일 뿐, 더 많이 아는 사람은 아니잖아요. 후배한테 배우기도 하고, 선배로서 먼저 경험을 말해줄 수도 있고요." 그는 자신이 동료 같은 선배, 같이하는 사람으로 남고 싶다고 말했다.

"여성운동이 왜 필요해?"라고 말할 때 가장 화가 난다는 그는, "여성혐오가 극심한 한국사회에서 너무나 필요한 운동 아니냐"며 자신이 그 현장에서 일을 하고 있는 사람인데 스스로가 거부당하는 것 같은 말이라 싫다고 했다. 오랫동안 실무자로 일한 탓에 어떤 일을 기획하려고 할 때 실무적인 고민부터 떠올라 실행력이 떨어진 건 아닌지 살짝 걱정이 된다는 말도 덧붙였다. 이제부터는 그런 벽을 허물어버리는 연습을 하고 싶다.

6년째 한 남자와 함께 살고 있는 그는, 그냥 어느 순간 그러고 싶어 먼저 청혼을 했다. 가끔 결혼한 걸 후회할 때도 있지만 옆에 좋아하는 사람이 있다는 게 좋다. "결혼한다고 외로움이 사라진다고 생각하지 않아요. 외로움은 혼자 있으나 같이 있으나 똑같죠. 그냥 좋아하는 사람이 옆에 있다는 거죠. 심지어 바라보는 방향도 달라요. 살아온 경험이 다른데 어떻게 같겠어요. 다만 내가 하는 활동은 지지하죠. 내 활동을 싫어하고 못 하게 했다면 같이 안

2020년 3·8 세계여성의 날을 맞이해 참여한
성별임금격차 해소를 위한 '3시 STOP!' 캠페인.

살지요. 매일 아침 같이 사는 사람과 붙어 있을 때 힘이
나요."

박이경수는 남편이든 동료든 사람과 함께 있을 때 에너지를
얻는다. "내가 만약에 여성운동가가 되지 않았다면
소소하게 만족하며 사는 성격이라, 주어진 대로 살아가는
사람이 되었을 거예요. 별로 사고도 안 하고, 시키면 시키는
대로 하는 사람이 되지 않았을까 싶어요. 페미니즘을
접하면서 사고하는 사람이 됐어요."

여성들과 함께 쌓아온 기억을 소중하게 생각한다는 그가
마지막으로 내뱉은 말은 '사고하는 사람'이 되었다는 거다.
생각하는 사람이 되면 못 보던 걸 발견하는 신기한 경험에
마주 놓인다. 박이경수는 "페미니즘이 자신에게 그런
변화를 줬다"며 "함께하는 사람이 많아졌으면 좋겠다"고
말하고 웃음 지었다.

4장

죽고 사는 걸 고민했던 사람들이
정치에 나서야 해요

장하나

애늙은이였다. 장하나는 어린 시절을 떠올리며 피식
웃었다. "네가 전교회장을 하면 어떡하냐"며 면박 줬던
교사가 생각나서였다. "화가 나기보다 불쌍했어요. 교사고,
어른인데 저렇게밖에 못 하나 싶었거든요." 열세 살,
초등학교 6학년 아이가 어른 뺨치게 조숙했다.

모계사회 같은 데서 자랐어요

장하나는 자신이 모계사회 같은 곳에서 자랐다고 말했다.
외증조할머니부터 어머니까지, 모두 성인 여성들이 생계를
꾸려나갔다. 그는 또래보다 항상 키도 컸지만 무엇보다
마음 씀씀이가 어른스러웠다. 서울에서 태어난 장하나는
일곱 살이 되던 해부터 고등학교를 졸업할 때까지 외가가

있는 제주도에서 살았다.

"엄마가 식당을 하셨어요. 테이블이 대여섯 개 정도
됐으려나? 입식 테이블 서너 개가 있고, 신발 벗고 올라가면
좌식 테이블이 한두 개 더 있었어요."

초등학교 1학년 때는 혼자 잠을 잘 수가 없어서, 불판 위에
고기를 올려놓고 지글지글 구워 먹는 아저씨들 엉덩이 뒤에
방석 세 개를 깔고 잠들었다. 영업이 끝나면 가게 2층에
있는 방에 올라가서 어머니와 꼭 껴안은 후에 다시 잠을
청했다.

그는 왈가닥이었다. 어찌나 활발한지 초등학교 1학년
때에는 안경을 1년 동안 무려 아홉 번을 부러뜨렸다. 그럴
때마다 어머니는 접착제로 안경테를 붙인 뒤 테이프로
감아주었다. 1학년의 어느 날, 장하나는 어머니의 일기장을
우연히 발견했다. 호기심에 바짝 다가앉아 일기장을
한 장 한 장 넘겨가며 읽어 내려갔다. 절반 정도 읽었을
즈음, 귀퉁이가 오그라든 면이 눈에 띄었다. 딸의 안경을
테이프로 아홉 번째 감아준 날의 일기였다. 심하게
얼룩져 있는 흔적에서 어머니의 사투가 느껴졌다. 가슴이
먹먹해져왔다. 철이 빨리 들 수밖에 없는 환경이었다.

그는 어려서부터 공적인 일에 관심이 많았다. 초등학교
5학년 무렵, 반 친구들과 함께 방학식 날에 자원봉사를 하러

갔다. 어느 기관을 갈까 물색하고 간단한 간식거리를 살 만큼 아이들에게 돈을 걷었다. 누가 시킨 일이 아니었다. 그가 주도적으로 혼자 한 일이었다. 처음 간 곳은 노숙인 시설이었다. 쇠창살이 있는 큰 문을 지나야 들어갈 수 있었는데, 시설에 있는 사람들이 마음대로 나가지 못하도록 현관문을 이중 삼중 걸어 잠갔다. 당시 노숙인을 바라보는 시각이 그랬다. 한참을 들어가고 나서야 강당이 보였다. 장하나와 친구들은 준비해온 노래를 불렀다. 도열해 앉아 있던 아저씨들은 아기처럼 눈을 반짝이며 싱글벙글 웃었다. 노래를 함께 따라 부르기도 했다. 모처럼 외부인을 만난 그들은 기쁨을 감추지 못했다. 중학교에 진학한 뒤에도 자원활동은 이어졌다. 친구들에게 제안해서 장애아동 그룹홈이나 장애인 특수학교에 방문했다. 특별한 이유는 없었다. 자신이 쓸모 있는 사람처럼 느껴졌고 기뻤다.

고등학교 시절에도 오지랖이 넓었다. 너나 할 것 없이 비속어와 욕설을 너무 많이 쓰는 분위기라서 그는 재밌는 제안을 했다. "우리 욕 좀 줄여보자. 욕하는 사람은 100원씩 벌금을 내고 나중에 그 돈을 우리를 위해 쓰자." 결과적으로 욕설과 발음이 비슷한 단어를 욕 대신 쓰는 게 유행했지만, 그는 같이 어울려 살아가는 일에 늘 관심이 많았고, 그런 생각을 행동으로 옮기는 편이었다.

누구와도 잘 어울렸다. 활발하고 재밌는 성격이었다. 엉뚱한 면도 제법 있었다. 수업 시간에 딴짓을 한다고 선생님께 자주 혼났다. 학교 성적은 어땠을까? 공부를 매우 잘했다. 그 덕을 많이 봤다. 그 덕을 많이 봤다. "주의 산만하고, 숙제도 안 하고, 매일 벌 받고, 집은 가난하고, 체격은 비만에, 어머니가 식당할 때는 아무리 빨래를 해도 옷에서 음식 냄새가 났어요. 그래도 사람들이 날 좋아한 건 성적이 좋기 때문이 아니었을까 싶어요. 워낙 성적으로 사람을 판단하는 사회니까 덕을 봤다면 본 건데, 씁쓸하죠."

가난, 하고 싶은 일이 멀어지는 요망한 경험

학창시절 이야기를 꺼내자 장하나가 최악의 교사로 기억하는 한 교사의 이야기가 자연스럽게 나왔다. "그 교사가 전교회장으로 점찍어 둔 남자아이가 있었단 말이에요. 그 애 어머니가 학교를 엄청 들락거리시며 활동했어요. 우리 엄마는 먹고사느라 그럴 수가 없었는데 말이죠."

장하나는 대수롭지 않게 말하는 버릇이 있었다. 부당함에 대한 불만을 본능적으로 토로할 때 그랬다. 가난은 하고 싶은 일이 멀어지는 요망한 경험이었다. 그는 어떤 삶을 꿈꿨던 걸까.

"예술가가 되고 싶었어요." 초등학교 6학년 학교 문집에 전체 학생의 장래희망이 실리는데, 그는 오케스트라 지휘자라고 썼다. 부잣집 아이들만 음악가가 될 수 있다고 당연히 생각했다가 텔레비전에서 오케스트라 연주회 장면을 보고 '지휘자는 지휘봉만 있으면 되니까 나도 할 수 있겠다' 하고 생각했다. 오래 지나지 않아 지휘자도 여러 악기를 다뤄야 하고, 부자여야 할 수 있는 일이라는 걸 깨달았다. 하지만 화가, 영화감독 등 예술가가 되고 싶다는 꿈은 성인이 될 때까지 이어졌다.

책은 좋은 친구였다. 초등학생 때부터 고등학생 때까지 산만하다는 말을 꼬리표처럼 달고 산 그지만, 책을 읽을 때만큼은 예외였다. 그에게는 책을 뜯어 먹고 산 사람 특유의 포스가 있다. "앞집에서 책을 매일 빌려 봤어요. 저보다 한 살 많은 언니랑 두 살 적은 남동생이 있는 집이었어요. 그 집 어머니가 책을 빌려간다고 엄청 눈총을 주셨는데도 모르는 척 '으하하' 하며 빌려다 봤어요."

그만큼 책 읽는 재미가 컸다. 가장 인상 깊게 읽었던 책은 《그리스인 조르바》. 초등학교 6학년 때 읽었다. 후련했다고. "그래, 새처럼 활개치고 살자. 인생은 이렇게 자유롭게 사는 거야. 조르바처럼."

장하나는 크게 외쳤다. 자유를 꿈꿨지만 발 딛고 있는

현실은 묵직한 돌이 올려 있는 양 무거웠다. "엄마가 너무 고생하셨어요. 지금도 한부모 가정이 얼마나 살기 힘들어요. 같은 일을 40여 년 전에 겪었으니 말 다했죠. 이혼이 엄청 터부시됐던 때잖아요." 자신보다 어머니를 생각해야 한다는 마음이 컸다. 속상한 일이 있어도 어머니에게 내색 안 하는 속 깊은 딸로 살았다. 학창시절 가장 행복하다고 느낀 순간이 1996년 연세대학교에 합격했을 때였다. 딸의 명문대 입학을 바라보는 어머니의 기쁨이 컸기 때문이었다.

대학 생활은 새로운 세계에 대한 기대와 불안이 뒤섞여 묘한 흥분감을 일으켰다. 그는 입학하자마자 시계추처럼 대학 영화 동아리를 왔다 갔다 했다. 어머니는 못마땅하게 여겼지만 그는 영화제에 출품할 영화를 만드느라 눈코 뜰 새 없이 바빴다. 하지만 주름지고 마디 굵은 어머니 손이 자꾸 떠올라 목이 꺾이고 숨이 타는 듯 내뱉어졌다. 어머니의 기대와 하고 싶은 일 사이에서 마음을 잡지 못해 긴 방황을 하느라 대학을 8년 만에 졸업했다.

정치하는 마음

그러다 인생의 전환점을 맞이했다. 대학을 졸업하고 제주도로 내려간 뒤 우연한 기회에 뛰어든 장애인 자립 운동이, 그의 인생을 바꿨다. 그곳에서 일하면서 인생이 뒤흔들리는 경험을 했다.

"중증장애인들이 인간으로서의 권리를 주장하는 걸 옆에서
지켜보잖아요. 그때 처음 헌법을 읽었고, 그때 처음 가난한
사람한테도 이렇게 많은 권리가 있다는 걸 알았어요.
저같이 가난한 사람은 가난하기 때문에 하지 못하는 게
많았잖아요. 그런데 이 가난이 내 탓, 우리집 탓이 아니고
사회 탓이고 국가 탓이었구나 하는 해방감이 컸지요."

장하나는 대학에 다닐 때, 동아리 활동을 함께하던
사람들에게 느꼈던 소외감을 이렇게 털어놨다. "선배들 중
부유한 사람은 유학을 가든 연극영화과가 있는 대학원에
가든 어떻게 해서든 입봉을 하더라고요. 그게 힘들었어요.
그런데 내 잘못도 아니고, 그 선배들이 뭘 잘못한 것도
아니라고 생각을 바꾸니까 마음이 홀가분해졌어요. 지금도
사람들한테 헌법 읽어보라고 많이 이야기해요. 가난해서
기회 자체가 박탈되는 건 100퍼센트 국가 탓이에요."

차별의 문제를 개인의 문제가 아닌 구조의 문제로 바라보게
된 뒤부터 장하나는 다른 사람이 됐다. 문제를 해결하라고
요구하는 일을 해나가게 됐다. 그렇게 사회문제에 눈을
떠갔다. 하지만 이때만 해도 자신이 직접 정치를 하게 될
거라곤 생각을 못 했다.

"사회운동을 하면서 알고 지내던 지인이 지방선거에

민주당

지금,
연동에
만족하십니까?

연 동 의 대 변 인

2 장하나

제주교대부속초등학교 졸업/학생회장
제주여자중학교 졸업
제주여자고등학교 졸업/학생회치장
연세대학교 사회학·철학 졸업
제주환경운동연합 TV방송국 방송연기자
국민여동사회제2·제주도여구연합회 이사
제주평생학교기백독교 교자
열린우리당 당당경비비림원회 감사
열린우리당 전국 대의원
민주당 제주지당 대변인겸연

2010년 제주특별자치도의회 의원
선거 출마 포스터.

나가라고 권유했어요." 선거법이 바뀐 게 계기가 됐다.
2010년 제5회 전국동시지방선거가 임박했을 무렵,
의무적으로 여성을 10퍼센트 이상 공천하도록 선거법이
바뀌었다. 여성 후보가 필요했다. 하지만 민주당 제주도당
내부에서는 정치에 뜻이 있는 여성들조차 나서질 않았다.
선거가 임박해서 당선 확률이 낮았고, 원하는 지역구에
출마할 수 없는 등 불합리한 상황이었다. 그래서 도당에서
일하던 지역 선배들이 제주 출신의 장하나를 떠올렸다.
당시 서울로 거주지를 옮긴 장하나는 제주에서 도의원
후보로 지방선거에 나가보라는 전화를 받았다. 손사래를
쳤지만 제안한 측에서 쉽게 물러서지 않았다. 그는 3일만
고민해본다고 말하고 전화를 끊었다. 말도 안 되는
일이라고 생각하면서도 자꾸 마음이 갔다. 고민하는
장하나에게 당시의 동거인은 해보라고 권했다. "우리가
부양할 자녀가 있는 것도 아니고, 선거에 쓰려고 해도
쓸 돈도 없고, 빽도 없고 돈도 없는 우리 같은 사람들이
공천받는 건 드문 일이다. 4년 뒤에 할 여성은 많다.
지금이니까 하라는 거다"라는 동거인의 말에 힘입어 선거에
뛰어들었다.

"선거에 대한 선입견이 왜 없었겠어요. '누가 30대
초반의 젊은 여성을 뽑아?' 그런 마음이 있었죠. 내가 간
지역구는 내가 살던 곳도 아닌 다른 동네였어요. 게다가

거기는 다음에 시 의장 되려고 준비하는 분 지역구였어요.
새누리당에서 제일 센 분이요. 그래서 당 선배들이 아무도
안 가려고 했던 지역이었는데 그냥 오케이했어요."

아무 기대가 없어서 오히려 마음이 편했다. 함께 겨룰
후보가 대단한 지역 유지여서 이길 거라고 생각을 안 했다.
"그 사람은 한마디로 돈 위에서 태어나 평생 돈 위에서 산
사람이었어요."

장하나가 선거운동을 할 때 제일 중요하게 생각한 점은
'직접 사람들을 만나는 것'이었다. 서민들의 이야기에 귀
기울이면 답이 나온다는 확신이 있었다. 상가를 돌았다.
처음 명함을 주면 "아버지가 출마하세요?" 묻는 사람이
많았다. "아니요, 제가 출마하는데요" 하면 의아한
눈길을 주기 일쑤였다. '너 뭐냐? 네가 뭔데 출마하냐'
이런 분위기가 있었다. 지금도 여성이 출마하는 경우가
상대적으로 적은데, 10년 전에는 여성이 출마하는 데 눈을
곱게 뜨지 않는 사람이 더 많았다.

그의 무기는 발로 뛰며 사람들의 애로사항을 듣는
거였다. "동네에서 살지는 않았지만 무조건 사람들을
만났어요. 어려운 점이 무엇인지 듣고 나면 공약에
추가하고 그랬어요." 오뉴월이라 무더웠다. 땀을 뻘뻘
흘리며 주민들을 만나는 장하나를 알아주는 사람들이

생겨났다. "동네 두 바퀴쯤 돌자, 냉커피 먹고 가라고 말씀하시는 분들이 생기더라고요. 맨날 똑같은 사람이 일 벌이면 똑같다고 좀 바뀌었으면 좋겠다는 사람들이 늘기 시작하고요."

장하나는 선거운동에 어머니의 경험을 녹여냈다. 어머니는 천상 장사꾼이었다. 설날과 추석, 단 이틀만 쉬었다. 일을 좋아하기도 했지만, 363일을 일해야 먹고살 수 있었다. "원래 선거운동은 후보로 나서기 몇 년 전부터 하는 거예요. 저녁때 식사라도 하면서요. 그런데 저녁때 나올 수 있는 사람이 누구겠어요? 중산층 이상인 사람들이에요. 생업에 매여 있지 않은 사람들이죠." 장하나는 그런 의미에서도 가게를 다 돌았다고 말했다. 자신의 어머니처럼 후보자를 만나기 어려운 사람들을 직접 만나 어려움을 듣고 싶었다.

선거 때마다 차량 유세를 하며 가게 앞을 지나가는 후보자들을 두고도 쓴소리를 했다. 시끄럽게 '제가 이 동네에서 뭘 하겠습니다!' 하고 방송을 해대는데, 트럭과 소음뿐이라는 거다. "사람들이 모인 장소에 잠깐 얼굴을 보이는데, 그 사이에 지역 주민들의 어려움을 어떻게 듣겠냐"며 "악수하고 인사말하는 것밖에 없다"고 꼬집었다. 그래서 그는 계속 상가를 돌며 사람들을 만났다. 그 덕분에 민심을 속속들이 알게 됐다. 그는 아는 것에 그치지 않고 주민들의 생각을 공약에 즉각 반영했다. 장하나의 달랐던 행보는 큰 차이를 만들었다.

개표 당일, 선거캠프 사람들과 민주당 관계자, 지역언론이 모두 놀랐다. 낙선이었지만, 표 차이가 얼마 안 났다. 뜻밖의 선전이었다. "투표함 네 개 중 세 개를 개표할 때까지 제가 이긴 거예요. 장하나 어디 갔냐고 당에서도 찾고 기자들도 찾고. 그런데 네 번째 개표함에서 뒤집혔어요. 상대방 후보자 아내분이 다니는 성당이 있는 지역에서요. 그것만 해도 사람들은 너무 놀라워했어요. 저는 계속 정치를 할 사람으로 굳어지고."

표심은 편협하지 않았다. 장하나는 이 일을 잊지 않았다.

껄끄러운 존재

그로부터 2년 뒤인 2012년. 장하나는 또 하나의 기적을 거머쥐었다. 청년 비례대표로 19대 국회의원이 된 것이다. 2010년 '무상급식'과 '반값 등록금'이 화두로 떠오르면서 2030세대의 정치적 영향력을 직감한 더불어민주당이 2012년 정당 사상 처음으로 청년 비례대표를 공모한 덕분이었다. 공개경쟁에서 김광진과 더불어 장하나가 청년 비례대표가 됐고, 19대 국회의원 선거 후 두 명의 청년이 국회에 입성했다.

"나 같은 사람이 당선될 거라고 생각도 못했어요. 당이 어떻게 돌아가는지 아예 모르는 게 아니었기 때문에, 힘 있는 사람들이 자기 사람을 한 명씩 내세울 줄 알았거든요." 그는 얼떨떨했지만 "뛸 듯이 기뻤다". 그는 무엇보다 국회의원이 되어 약자들의 목소리를 대변하고 싶었다.

"지방선거를 마치고 제주도에서 지내면서 강정해군기지 반대운동을 열심히 했어요." 매일 공사장으로 향했다. 공사를 막으려고 주민들과 대열을 정비해 스크럼을 짰다. 경찰들에게 쌍욕을 들으며 얻어맞고 끌려나가는 일이 반복됐다. 그래도 멈출 수 없었던 이유는 막고 있는 그 시간 동안 만큼 공사가 지연됐기 때문이었다. "하루 몇 시간 공사 못 한 게 쌓이면 그만큼 기지 완공이 늦어지니까 그렇게 한 거예요. 할 수 있는 게 그것밖에 없었어요."

그가 강정해군기지 건설 반대 운동을 열심히 했던 이유는 주민들이 반대하는 데도 강행하는 정부의 태도 때문이었다. 민주주의사회에서 제주 도민의 의견을 존중하지 않는 국가에 화가 치밀었다. 문제를 해결할 방법을 고민하던 중에 더불어민주당에서 청년 비례대표를 공모한다는 소식을 들었다. 비례대표가 될 수 있다는 기대는 티끌만큼도 없었다. 민주당이 진보정당도 아니고, 해군기지 반대운동을 하는 청년에게 비례대표 자리를 내주지 않을 것이라고 생각했다. 정치나 사회문제에 관심이

제주 강정해군기지 건설 반대 시위.

있는 청년들이 전국에서 수백, 수천 명 모이는 자리에서
제주해군기지 문제를 알릴 생각으로 지원했다. 그런데
국회의원이 됐다.

청년 장하나가 본 국회의 모습은 어땠을까. "약자들이 있는
현장에 가면 당사자들을 붙들고 우는 국회의원들이 있어요.
그러면 '아, 이 사람이 이 문제에 관심 있구나' 싶잖아요.
그래서 의원실로 찾아가서 '이것 좀 같이 해봐요' 그러면
같이 안 해요." 그럴 때마다 당황스러웠다. 이유를 알 수
없었다. 한참 시간이 지난 후에서야 동료 국회의원들의
속내를 알 수 있었다. "다른 국회의원은 안 가는 현장에
자기는 갔다 이거예요. 그것만으로도 스스로 훌륭한
국회의원이라고 생각하는 거예요."

장하나는 환경노동위원회 소속 국회의원으로 있으면서
4년 동안 현장이란 현장은 모두 다녔다. 하지만 바뀌는 게
없는 것 같아 힘들었다. "사람들은 당신이라도 있어서 힘이
된다고 말했지만, 국회의원이 누군가에게 힘내라는 말만
하는 걸로는 안 된다고 생각했거든요. 현실을 바꾸려고
국회의원 된 거잖아요. 그런데 너무 안 바뀌니까 다 내가
부족해서 그런 것 같아 4년 내내 많이 우울했어요."

장하나는 실천 없는 국회를 강하게 비판했다. 실명을
거론하는 것도 개의치 않았다. "기분 나빠도 할 수 없는

19대 국회의원으로 일할 때.

일"이고, "정신을 좀 차렸으면 좋겠다"고도 덧붙였다.

"더불어민주당에 여성계 출신들이 있잖아요. 여성
국회의원도 소수지만 없지는 않아요. 그런데 2018년에
탁현민이 과거에 썼던 책이 여성차별적이라고 크게 문제가
됐잖아요. 그런데 여성 국회의원 몇 명이 탁현민 한 명을 못
내려앉혔어요."

그는 본인이 일했었던 19대 국회에서도 여성계 출신
국회의원들이 제 역할을 못 했었다고 말했다. 왜 그럴까
한참 고민한 끝에, 스스로 힘이 있어 국회의원이 된 게
아니라 나눠준 걸 받아서 생긴 현상이라고 결론 내렸다.
그는 후려치는 정신이 부족하다고 날을 더 세워 말했다.
"설사 그렇게 국회의원이 됐어도, 물에서 꺼내줬더니
보따리 내놓으라는 것처럼 뒤통수 후려갈기면 되잖아요.
그렇게 여성들을 위해서 할 일을 하면 되잖아요."

장하나가 보기에 그들이 그렇게 못 하는 건, 재선을 마음에
두고 있기 때문이다. 당의 눈 밖에 날 행동은 하지 않는다.
"본인이 재선에 성공하면 여성 의원 한 명이라도 더 생기는
거 아니냐, 그러면 여성들에게 더 낫지 않냐는 식이죠. '내가
나경원보다는 낫지' 하는 마음 때문에 스스로의 행동에
부끄러움이 없는 게 더불어민주당의 수준"이라는 것이다.
탁현민 거취 문제에서도 더불어민주당 내 대표적인 여성계

인사들이 적극적으로 입장을 밝히지 않았다. 이어 그는 여성 국회의원이 늘어서 바뀐 것이 무엇인지도 반문했다. 여성 문제와 관련된 토론회 몇 번 한 걸 자랑이라도 되는 듯 말하는 여성 의원들을 보면서, "토론회로 세상은 안 바뀐다"고 답답해하기도 했다.

시민들을 조직하지 못하고 '386' 선후배로 견고한 카르텔을 만든 게 30년 동안 국회의원들을 나약하게 만들었다. 시민단체도 제 역할을 못 했다. "이상하게 시민단체 활동을 하다가 국회의원이 되면 단체들하고 서로 내외하는 것 같더라고요. 일단 보냈으면 단체에서도 '너 그것밖에 못하냐?' 말할 수 있어야 하는데, '의원님, 의원님' 하며 쓴소리를 하지도 못해요. 보고 있으면 답답하죠."

장하나는 껄끄러운 존재가 사회를 바꾼다고 강조했다. '이 사람 너무 괜찮네'가 아니라 '역시 껄끄러워'라는 말이 나오는 의원이 돼야 사회가 바뀐다. 국회의원들의 민낯이 당사자 정치를 결심하는 데 계기가 됐다.

2017년 장하나는 정치하는엄마들을 만들었다. 2016년 총선의 경선에서 낙선한 뒤였다. 국회의원 시절부터 당사자 정치에 관심은 있었지만, 엄마들을 정치세력화하겠다고 결심한 건 그가 엄마가 되면서부터였다. 그 전에는 엄마들이 발언권이 없는 존재란 걸 못 느꼈다. 그는

"내가 엄마 등골을 빨아먹고 산 사람인데 몰랐다는 게
아이러니"라고 쓴웃음을 지었다. 엄마가 돼보니 또 다른
안경으로 사회를 바라보게 됐다. 진보운동가에서 열혈
페미니스트로 두 번째 옷을 갈아입었다.

정치하는엄마들이 주최하는 집회에는 유독 아이들이
자주 등장한다. 헌정 사상 최초로 임기 중 결혼하고
출산한 국회의원 장하나의 딸 두리도 그중 한 명이다.
정치하는엄마들의 회원은 2,000여 명이다. 회원 대다수가
엄마지만, 아빠 회원이나 비혼 회원도 적지 않다. 엄마들의
정치세력화로 돌봄 민주화를 실현하는 데 뜻을 함께하는
사람들은 모두 회원이 될 수 있다.

이들의 첫 만남은 어떻게 이루어졌을까. 2016년 겨울부터
약 9개월간 장하나는 《한겨레》에 칼럼을 연재했다.
성차별적인 놀이, 독박육아의 문제점을 파고들었다.
성평등한 가정을 만들려면 엄마들이 정치에 나서야
한다고 촉구했다. 마지막 연재 원고에 자신의 생각에
동의하는 엄마들은 만나자고 제안했다. 장소는 대방동
서울여성플라자였다. 유모차를 가져올 수 있는 엄마들의
동선을 고려해 정했다. 과연 나오는 사람이 있을지 걱정도
됐다.

모임이 있던 날, 약속 장소에 먼저 도착해 있던 그는 한

명 또 한 명 새로운 얼굴이 들어올 때마다 가슴이 떨렸다. '세상과 싸우자고 제안은 했지만, 과연 우리가 할 수 있을까? 내가 괜한 호기를 부린 건 아닐까?' 걱정도 했다. 전국에서 모인 30여 명의 엄마들이 돌아가면서 자기 소개를 시작했다. 차별의 경험을 이야기하고 공감하고 울고 웃었다. 그리고 만장일치로 '가만히 당하지 말자! 같이 싸우자! 우리가 정치하자!'는 결론에 도달했다. '정치하는엄마들.' 초대 공동대표였던 조성실 씨가 오래 전에 자신의 수첩 한구석에 적어놓은 문구라며 단체 이름으로 어떠냐고 물었다. 모두가 박수를 쳤다. 정치하는엄마들은 이렇게 탄생했다.

인터뷰를 위해 장하나를 처음 만났던 때가 떠올랐다. 그가 내민 명함이 인상적이어서 한참을 들여다봤다. 명함 뒷면에 작은 글씨가 촘촘히 박혀 있었다. "우리 모임 정관이에요." 고개를 숙여 계속 명함을 쳐다보는 나를 향해 그가 말했다. 단체의 방향을 나누고자 하는 시도가 인상적이었다. 3년 만에 회원 2,000여 명의 비영리단체로 급속 성장한 데는 그만한 이유가 있겠다 싶었다.

조직 말고 개인을 우선으로

가만히 들여다보니 회원 간의 돈독한 연결감이 급성장의

비결이었다. 회원들은 상대의 이야기에서 자신의 이야기를 찾았다. 이렇게 자신의 이야기가 들리는 경험이 쌓이는 가운데 연결감이 생기기 시작했다. 그런 일련의 시간을 거치며 서로 간의 신뢰가 싹텄다. 같이 만나고 이야기하다보니 공동의 문제의식이 생겼고, 그 문제의식을 토대로 작은 실천이라도 해보자는 취지로 단체의 활동을 함께 채워갔다. 그 과정이 장하나는 "뽕 맞은 듯 재미있었다"고 했다. 재미를 깊어지게 하고, 유지시키는 건 결국 '관계'였다.

정치하는엄마들은 일사불란과는 거리가 멀다. 전통적인 시민단체 풍경에 익숙한 사람들에겐 무질서하게 보일 수 있지만, 그래도 활동은 굴러간다. 친근한 만남이 끊임없이 이어진다. 이렇게 하기 위해 서로에게 관심을 가지면서 어떻게 관계를 만들고 연결할 마음을 일어나게 할까 계속 고민했다. 그들이 내린 결론은 '조직이 아닌 개인을 우선으로 생각하자' '서로 힘을 주는 안전한 공간을 만드는 걸 최우선으로 생각하자'였다. 그래서 모든 실무를 함께 나눠서 한다. 사업에 따라 서너 명에서 수십 명에 이르기까지 함께 일을 한다.

장하나는 회원들에게 '이렇게 하시면 됩니다'를 알려주는 역할을 맡고 있다. 회원 대부분이 처음 시민운동을 접하는 사람들인 반면 그는 시민운동 경험자이기 때문이다.

활동가를 만들어내는 역할이 자신의 역할이라고 하면서도, 그렇다고 모든 회원이 다 활동가여야 하는 건 아니라고 덧붙였다. 그런 부담은 주지 않는다. 반대로 굉장히 적극적으로 활동하고 싶어하는 회원에게는 직책과 명함을 만들어준다. "당신은 상근활동가가 아니고 회원이니까 그냥 회비만 내라는 식이 아니에요. 저는 시민운동의 그런 장벽이 잘못됐다고 생각하거든요."

모든 사람과 함께하면 의사결정은 더뎌진다. 남들보다 이해가 느린 사람도 있을 수 있다. 자연스럽게 일에 지장이 생길 수 있다. 하지만 효율성보다 사람을 더 중요하게 본다. 시행착오는 겪더라도 더 오래갈 수 있다는 믿음이 있다. '시민운동은 이렇게 하는 거'라며 따르게 하기보다, 많은 사람들이 서로 합의를 만들어갈 때 힘이 발휘된다고 믿는다. 그렇게 해야 누군가의 시간과 노력을 끌어낼 수 있다고 본다. "'합의된 우리'가 되는 거잖아요. 우리 힘을 갖는 거고요. 제가 시민단체에서 겪었던 답답함을 반복하고 싶지 않아서 정치하는엄마들은 그렇게 운영했어요."

페미니즘은 당한 놈이 안 당하려고 하는 거예요

정치하는엄마들의 회원들은 서로를 남녀노소 구분 없이 모두 '언니'라고 부른다. 특색 있는 운영 방침이다. "보통 직업을 호칭으로 삼잖아요. '김변' '김교수' '김피디' 이런 식으로요." 문제는 한국사회에서 좋게 평가하는 직업군이 있다는 것이다. 그런 사람들이 몇 마디를 하면, 경력이 단절됐거나 '누구 엄마'로 불리는 언니들이 스스로를 초라하게 느낄 수 있다. 소위 '쳐주는' 직군의 사람이 다섯 마디를 할 때 그렇지 않은 사람은 한 마디밖에 못 할 수도 있다. 위축될 수밖에 없다. 장하나는 구성원의 자발성으로 운영되는 시민단체는 그런 분위기를 조성하면 안 된다고 생각했다. "시민단체에서는 그걸 터줘야 하는 거예요. 언니라는 호칭, 얼마나 좋아요?"

'시민단체' 하면 익숙한 풍경이 무엇인가. 그 단체의 대표가 말하는 장면, 어떤 사회문제의 전문가를 모셔와 회원들을 교육하는 장면도 떠오른다. 장하나는 전문가나 대표가 나서서 말하기보다 그들은 뒤로 빠지고, 회원들이 주인의식을 갖도록 그들만이 이야기할 수 있는 장을 마련해주는 게 시급하다고 보았다. "들으러 오는 곳이 아니라 말하러 오는 곳, 모두의 말이 존중되는 곳이어야 올 맛이 나지 않겠어요? 여기서 박사님이 말하고 저기서 대표님이 말하고 있으면 가뜩이나 고용단절되고 위축된 나는 말하기가 어렵잖아요. 그러면 토론이 죽고, 조직은 생명력을 잃어요."

불편한 마음을 웃음으로 애써 포장하지만 두 번 다시 그런

모임에는 안 가게 된다는 그의 말에 고개가 끄덕여졌다.
이런 운영 철학이 정치하는엄마들을 누구나 존중받는
안전한 공간으로 만드는 데도 한몫한 셈이다. "제가 보기에
페미니즘은 당한 놈이 안 당하려고 하는 거예요. 여자들이
애 낳고 완전 쪽박을 차잖아요. 그러니까 '부당하다' '바꾸자'
'평등해야 한다'고 주장하는 거죠. 한국 사회는 많이 배운
사람이 말할 수 있다고 생각하는 게 있어요. 아는 것이
행동의 전제조건이 되는 것이냐? 그건 아닌 것 같아요."

현실에 기반한 당사자 목소리가 감동을 준다

장하나는 "시민단체가 해야 할 가장 큰일이 사람을
설득하고 사람 마음을 흔들게 하는 것"이라고 강조했다.
감동의 정치만 하는 것도 나쁘지만, 사람들을 설득하고
이해시키는 걸 논리로만 할 수 없다고 덧붙였다.
"시민단체가 사람들을 설득하는 방식으로 기자회견이라는
수단을 정말 많이 쓰잖아요. 그런데 너무 힘이 없어요."

정치하는엄마들의 기자회견은 다르다고 못 박듯 말했다.
그 이유는 당사자성이다. 당사자이기 때문에 현실에서
문제를 말하고 해결한다. 그 덕분에 울림과 감동이 있다는
것이다. 취재요청서를 쓰는 주체부터가 다른 시민단체와
다르다. 회원이 취재요청서를 쓴다. '발언일 언제, 발언자

스쿨미투 이후 가해 교사의 처분 결과
공개를 하지 않는 서울시교육청에 항의하는
정치하는엄마들의 피켓 시위.

○○○ 활동가, 3세 양육자' 이렇게 쓰고 발언 내용을 쓴다. 태어나서 처음 기자회견을 하는 사람들이다. 대중 앞에서 마이크를 잡아본 경험도 없다. "'대한민국의 엄마로서 이런 게 정말 문제다'라고 말해본 적이 없는 분들인데, 아이를 재우고 그 밤에 아이 엄마로 살아온 인생을 글에 담아와요. 너무 생기 있고, 감동이 있고, 듣는 사람을 움직이는 목소리죠"라고 말하며 눈가가 촉촉해졌다.

장하나는 기자회견 때마다 그 기자회견문에 감동받아 눈물을 흘렸다. 정치하는엄마들의 기자회견에 기자들이 늘 찾아오고 그 발언 내용이 신문에 모두 실리는 이유가, 육아를 하는 당사자들의 현실이 언어로 생생하게 드러나서 울림을 주는 데 있지 않겠냐고 덧붙였다.

정치하는엄마들의 활동이 더 빛을 발하는 이유는, 함께하는 가족들의 변화를 이끌어내서다. 그는 아내의 활동을 반대하던 활동가의 남편이 기자회견에 아이와 함께 나왔을 때 느꼈던 마음을 전하다, 그만 눈물이 나와 말을 제대로 잇지 못했다. "사회를 바꾸는 것도 중요한데, 이 활동을 하면서 개인의 삶이 바뀌는 경험을 하면 얼마나 보람이 있는지 몰라요. 정치하는엄마들이 세상만 바꾸는 게 아니라 개인의 삶도 바꾸면서 활동하니까 엄청 황홀한 경험인 거죠."

하지만 아직 가야 할 길이 험난하다. 요즘 한국사회의 화두 중 하나가 독박육아다. 육아를 혼자 뒤집어쓰는 현실을 빗대어 만든 말인 까닭에, 뱉을 때마다 여성들의 한스러운 말소리가 들리는 듯하다. 정치하는엄마들은 소위 '정상가족'과 그 안의 엄마들에게 전가된 돌봄과 육아를 국가가 책임지도록 하는 돌봄 민주화를 실현하려고 한다. 이를 위해 엄마들이 현실정치에 나서고, 2022년 지방선거에서 당선자를 내자는 목표를 설정했다.

정치하는엄마들의 당선 전략은 의견 제시 그룹에 머물지 않고 문제 해결 그룹으로 실력을 인정받는 것이다. 유치원이 정부 지원금을 부정하게 사용하는 것을 막기 위한 유치원 3법, 민식이법·태호유찬이법·하준이법·해인이법 등 아동 안전 관련 법의 입법과 '맥도날드 햄버거병' 재수사, 어린이집 급간식비 예산 1,000억 증액 등, 정치하는엄마들은 실제로 우리 사회를 변화시키는 중이다. 시민단체 활동의 성과만으로 현실정치에 입문하기는 어렵다. 하지만 되뇌어본다. 홀대받는 모성을 사회적 모성으로 키워낸 공로를 인정받아 국회의원으로 당선된 대한민국 최초 엄마 국회의원. 멋지지 않은가.

5장

너의 절망과 나의 절망이 연결될 때

양 지 혜

열여덟, 그는 눈앞으로 달려든 문구에 시선을 뺏겼다. "안다는 것은 상처받는 일이어야 한다"라는 여성학자 정희진의 문장*이 가슴을 파고들었다. 초등학생 시절부터 따라다녔던 외모 품평, 예쁘지 않다고 당해야 했던 따돌림, 아이들의 웃음 속에서 '이 공간의 바깥사람'이라고 느꼈던 감각이 떠올랐다.

왜 너희들에게 미움을 받는지 모르겠어

"여자아이는 잘 꾸며야 한다, 조신해야 한다고 교육받잖아요. 저는 그런 고정관념과 다른 여자아이로

---

* 정희진, 《페미니즘의 도전》, 교양인, 2005, 12쪽.

자랐어요. 예쁘지 않고 성격도 어두웠어요. 가정형편이
어려웠거든요." 양지혜는 남들과 다른 자신의 외모와 성격을
어려운 환경 탓으로 돌리고 살다가, 열여덟의 어느 날
정희진의 《페미니즘의 도전》을 읽고 생각의 변화를 겪었다.
페미니즘을 접한 뒤, 자신을 표현할 언어를 찾았다고
고백했다. 다양성을 인정하지 않는 사회이기에, '정상성'
밖에서 살던 그가 상처받을 수밖에 없다는 걸 비로소
알게 됐다. "성차별적 사회 안에서 내가 상처받았다는 걸
인정했어요. 알고 받아들이니까 치유가 되더라고요."

양지혜는 빛바랜 기억을 끄집어냈다. 마디가 굵은 아버지
손에 유행이 지난 헌옷가지가 들려 있었다. 고물상인
아버지와 솜씨 좋은 어머니 덕에 그의 옷차림은 수수하지만
깔끔했다. 하지만 최신식 유행과 거리가 먼 의상은 밝지
않던 표정만큼이나 그를 또래들과 동떨어져 보이게 했다.
겁이 많아 또래들과 비슷하게 어울릴 만한 행동도 하질
못했다. 결과적으로 또래문화 밖으로 더 밀려났다. 정상성
밖에 있다는 이유로 차별과 혐오를 겪었다.

중학교에 다닐 때, 교사가 나눠준 가정통신문을 그가
뒤로 넘기는데 뒷자리 학생은 받지 않았다. '네가 싫다'는
경멸의 의미를 담은 친구의 행동에 어쩔 줄 몰랐다. 가끔
말을 걸어오는 아이도 있었지만 대개는 놀리기 위한
제스처였다. 당황스러워하는 그를 바라보며 아이들은

웃어댔다. 그는 또래문화로 인해 나뉜 서열을 따라가는
대신, 공부를 열심히 하고 선생님 말씀을 잘 듣는 모범생
역할을 수행하며 소속감과 안정감을 얻었다고 했다. 일화를
들려줬다.

"중학교 1학년 때 종례 시간에 담임선생님이 여학생만
따로 모아놓고, '3학년 선배들이 몰래카메라를 찍고
다니는 것 같다. 치마 안에 체육복을 입고 있어도 되니까
찍히지 않게 너네가 조심하라'라고 말씀하셨어요. 굉장히
미안해하셨는데, 왜 선생님이 안절부절 못하며 말씀하시나
이해를 못 했어요." 여학생이라면 당연히 '속바지를 꼭
입어야 한다' '짧은 치마를 입으면 안 된다'는 규범을 따라야
한다고 생각했다. 모범생이 되고 학교 규율을 따르면
굉장히 보호받는 느낌을 받았다. "'남자들은 성충동이
강해' '당하지 않으려면 여성 스스로가 알아서 잘 행동해야
해'라고 치부해버리는 분위기에 저도 젖어 있었던 거죠."

하지만 모범생 역할을 아무리 잘해내도, 괴로움은 가시지
않았다. 중학교 3학년 때 글을 한 편 썼다. '내가 괴물이 된
느낌이다. 왜 미움받고 있는지 모르겠지만, 그렇다고 난
너희들을 미워할 수가 없다'는 내용이었다. 담임선생님은
양지혜를 종례 시간에 불러 그 글을 친구들 앞에서 소리
내어 읽게 했다. 다른 아이들이 그를 친구로 받아들이길
바라고 한 행동이었지만 아무도 그에게 미안하다고

고등학생 때 세월호 추모집회 제안자로
함께한 모습. 당시 침묵행진, 동조단식, 방과후
농성장 등의 제안자가 됐다.

사과하지 않았다. 괴물 취급을 받는다고 아우성쳤지만 친구들은 끝까지 그의 감정을 외면했다. 선생님도 더 이상 나서지 않았다. 불편했던 기억으로 남았다. 감정을 해석하지 못한 채 중학교를 졸업했던 그는, 후에 나쁜 의도가 없었다고 해서 그 행동이 정당화되는 건 아니라고 결론을 내렸다. 꼭 악의를 가져야만 가해자인 것은 아니지 않냐며. 하지만 생각을 정리한 뒤에도 친구들에게 '그건 잘못된 거야'라고 말하는 게 힘들었다.

나를 사랑하는 법

학교에서 쌓인 고민을 외면하지 않던 그가, '청소년 페미니즘 운동'으로 길을 찾은 건 예견된 수순이었다. 《페미니즘의 도전》을 읽던 열여덟 살 때부터 대학 거부를 했던 열아홉 살이 될 때까지, 10대 소녀에게 요구되는 규범을 곰곰이 들여다봤다. 모범생 역할을 충실히 해가는 걸로 또래문화에서 탈락된 감각을 지우려 했던 그는, 페미니즘 덕에 자신을 사랑하는 걸 배웠다고 말했다. 세 살 위인 언니가 흘려보낸 생각의 강도 변화에 한몫을 했다. 당시 그의 언니는 밀양 송전탑 건설 반대 운동에 열심이었다. 그는 언니 책상 책꽂이에 꽂혀 있는 밀양 송전탑 건설 반대 전단지를 유심히 들여다보곤 했다.

언니는 왜 밀양에 가는 걸까 생각했다. 마침 고등학생이 되면서 토론 동아리 활동을 열심히 했다. 생각하는 근육을 키워나갔다. 언니의 책꽂이에 있던 전단지 속 세상은 학교 공간과 맞닿아 있었다. 정상성 밖에 있는 사람에게 폭력을 행사한다는 점이 똑같았다. 고등학교 1학년 겨울방학을 며칠 앞둔 2013년 12월 10일, 고려대학교 학생 주현우 씨가 학내에 붙였던 〈안녕들하십니까〉라는 대자보가 큰 호응을 얻었다. 대선 부정선거 의혹, 철도 민영화, 밀양 송전탑 건설 강행 등 당시 사회문제에 무관심한 청년들에게 관심을 촉구하며 쓴 대자보였다. 이 대자보는 에스엔에스(SNS)를 타고 전국의 대학가를 넘어 한국사회에 공조 현상을 일으켰다. 전국의 고등학생들도 합류했다. 양지혜도 행동에 나섰다. 자신이 다니던 고양중삼고등학교에 '안녕들하십니까'로 시작되는 대자보를 붙였다. 교무실에 불려가 두 시간 동안 면담을 해야 했다. 정치적 발언을 했다고 왜 억압받아야 하나 고민했다.

양지혜는 고등학교 시절 가장 기억에 남는 일로 2015년 5월 페이스북 페이지 '메르스 갤러리 저장소'에서 시작된 온라인 페미니즘을 꼽았다. 그 전까지는 페미니즘을 운동이라기보다 자신이 믿는 가치관 혹은 학문이라고 생각했다. 메갈리아 논쟁과 그에 따른 파급력을 보고, 페미니즘이 운동이 될 수 있다고 느꼈다. 같은 해 2월에는

트위터상에서 '#나는페미니스트입니다' 해시태그를 다는
운동도 시작됐다. 팝 칼럼니스트 김태훈 씨가 한 패션지에
〈IS보다 무뇌아적 페미니즘이 더 위험해요〉라는 칼럼을
기고한 후에 벌어진 일이다. '#나는페미니스트입니다'
선언은 몇 달간 지속됐다. 남성 중심 사회를 정조준한
여성들 덕에 그는 위안을 받았다.

"어떻게 보면 학교에서 매일 성차별을 겪었잖아요, 발 딛고
있던 곳은 잘못된 사회에는 관심을 보이지 말고 오로지
공부만 하라는 입시 경쟁 중심 사회였고요. 절망하는
것밖에 할 수 있는 게 없다고 생각했거든요. 견고하다고
느꼈던 생각에 균열을 낼 수 있구나 싶은 게 저를 덜
무력하게 만들었어요."

'#나는페미니스트입니다' 선언은 그동안 온라인에서 자주
보았던 논쟁과 달랐다. 서로 상처를 주며 소모적으로
끝나는 경우가 많았던 다른 논쟁과 달리, 이 선언은
페미니즘운동이라는 생산적 운동으로 이어졌다. 특히
페미니스트임을 선언한 개개인에게 성찰과 각성, 자기
고백의 기회를 만들어준 점에서 의미가 있었다.[*]

양지혜도 트위터의 이 페미니즘운동을 자신을 성찰하고 더

[*] 박수진, 〈출발의 선언 #나는페미니스트입니다〉, 《한겨레21》, 2015년 3월
18일 자 참조.

이상 모범생으로 살아가지 않겠다고 결심하는 자기 고백의 기회로 만들었다. 고등학교 3학년 여름, 그가 대학에 가지 않겠다고 선언했을 때 담임선생님은 아쉬워했고, 어머니는 눈물을 흘렸다.

모두가 탈락하지 않는 사회

양지혜는 수능 당일, '대학입시거부로 삶을 바꾸는 투명가방끈' 회원들과 함께 입시거부 선언을 했다. 그는 〈거부당한 내가 거부한다〉라는 선언문을 썼다. "학교에서 내게 주어진 자리는 오로지 책상과 의자뿐이었다. 그곳에 앉아서 창문 바깥세상을 염탐하며 죽은 듯 하루를 보냈다. ……'모범생'이라는 칭찬을 듣는 게 불편해졌다. 내 안의 노예근성을 확인하는 순간이었다. ……'모두가 탈락하지 않을 수 있는 사회'를 만들어야 한다."

고등학교를 졸업한 2016년, 진보적 청년 정치 공동체인 너머(구 청년좌파) 상근자로 사회에 첫발을 내딛었다. 그해 5월 17일 오전 1시 7분, 강남역 인근 노래방 화장실에서 살인사건이 일어났다. 희생자는 23세 여성이었다. 강남역 근처 주점에서 일하던 김성민은 오전 0시 33분경, 칼을 들고 강남역 인근 노래방 화장실에 숨어들었다. 그가 살인 대상으로 노린 건 여자였다. 여성이면 아무나

된다고 생각했다. 살인을 저지르기 전, 그가 잠복하고
있던 화장실을 다녀간 사람은 모두 여섯 명으로 전부
남성이었다. 그는 화장실 문을 연 일곱 번째 사람이
여성이라는 걸 알자마자 칼을 휘둘렀다. 전형적인
여성혐오살해(페미사이드)였다.

5월 20일 오후 2시, 수만 명의 여성이 "여성혐오를
혐오한다"며 강남역으로 모여들었다. 모두들 검정 마스크를
썼다. 검정 마스크는 시위의 성격을 말해주는 바로미터였다.
'여성이어서 안전에 위협을 당한다. 싸늘한 주검으로 발견된
23세 여성이 증인이다. 그래서 억울한 죽음을 추모하는
조문 행사를 열었다.' 검정색 마스크는 여성들의 마음을
대변했다.

이날, 양지혜는 자원활동가로 시위 한복판에 서 있었다.
자유발언대에도 섰다. 자유발언대에 선 수많은 사람 가운데
그의 마음을 사로잡은 건 여성 청소년 발언자였다. 자신의
학창시절을 떠올리며 지켜봤다. 여성 청소년은 여성이자
청소년이기에 약자로서 경험이 중첩돼 있고 그래서 더
힘들다는 걸 새삼 깨달았다. 청소년 인권을 페미니즘으로
해석하는 다층적 관점이 필요하다고 생각하는 계기가 됐다.
청소년 활동가들을 만나면서 양지혜의 인생이 바뀌었다.
이들과 함께 모임을 만들고, 청소년페미니즘모임(이하
청페모)이라 이름 지었다.

청페모는 청소년 성에 대한 보호주의 시각을 거두라고 주장한다. "청소년은 성을 몰라야 된다고 하잖아요. 학교 규칙에도 연애 금지가 있고요. 말하자면 성은 '19금' 영역인데, 모순적인 게 아이돌 걸그룹의 선정적인 옷차림이나 아동성폭력은 일상적이에요. 그런 걸 살펴보면 소녀는 '성을 모를 것'을 요구받는 동시에 '폭력의 대상'이 되고 있어요. 여자 청소년이 자기의 성적 욕망을 말하는 건 금기시되지만, 남성 중심 판타지에 의해 소비는 되는 거죠."

양지혜는 그래서 "청소년이 자기 성정체성이나 성적 욕망을 탐색할 수 있어야 한다"고 강조했다. 그래야 청소년 성을 바라보는 이중 잣대를 없앨 수 있다. "여성주의자 중에서도, '청소년이 성적 위험에 노출되는 것을 보호하려면 무조건 청소년에게 성을 금해야 한다'고 주장하는 분들이 계세요. 보호주의로는 문제가 해결이 안 돼요. 이중적 잣대가 더 견고해져요. '여성은, 더군다나 여자 청소년은 성에 대해 말하면 안 된다' '여성이 욕망을 추구하는 건 잘못된 거다' 이런 담론을 깨부숴야 없어져요. 청소년 스스로가 자기 욕망을 탐색하고 말할 수 있어야 해요."

이를 위해 청페모를 페미니즘 자조모임의 성격으로 운영했다. 일상에 만연한 폭력을 성토하는 것부터 시작했다. 이를테면 "오늘 학교에서 누가 이런 성차별 발언을 했어" 이런 말부터 끄집어냈다. 안에 고여 있던 분노가 어느 정도

고등학교 졸업 이후, 청페모를 만들어
청소년 인권과 페미니즘을 동시에
고민하는 이들과 함께 활동했다. 사진은
'#나는_청소년_페미니스트다' 해시태그
캠페인 인증샷.

발화됐을 때, 청소년 페미니즘 세미나로 운영의 방향을 바꾸었다. 구성원들은 세미나에서 자위라던가 성폭력에 가까웠던 섹스 같은 경험들을 처음 발화했다.

나만 그런 게 아니구나

세미나가 끝나자 프로젝트팀을 꾸려 본격적인 청소년 페미니즘 운동에 나섰다. 새로운 노정을 만드는 일이었다. 프로젝트마다 인원을 모으는 느슨한 연대체였다.

양지혜는 청소년 사이에서 페미니즘운동을 향한 관심이 늘어난 시기를 2017년 하반기쯤으로 기억했다. 그가 진행하는 청페모 프로젝트에 학내 페미니스트 동아리를 운영하는 대안학교 학생들이 참가하기 시작했다. 2017년은 학교 공간에서 페미니즘 교육의 필요성이 제기되기 시작한 때와 일치한다. 2017년 7월 27일, 서울위례별초등학교 페미니즘 동아리 소속 교사 최현희 씨가 한 온라인 매체 인터뷰 영상에서 왜 남자아이들만 운동장을 점유하고, 여자아이들은 운동장을 갖지 못하는지 문제를 제기하며 학교에서 페미니즘 교육을 하고 있다고 밝혔다. 이후 교사가 초등학생들에게 '편향적' 사상을 주입한다는 비판 여론도 등장했지만, 학교에서의 페미니즘 교육이 공론화되는 데 큰 계기가 됐고 많은 지지와 연대도 이어졌다.*

양지혜는 이런 흐름 속에서 자연스럽게 2017년에
청소년 페미니즘 캠프 '페미:나'를 기획해 개최했다. 첫
프로젝트였던 만큼 실수도 많았지만 나누었던 이야기와
숨소리 하나하나까지도 기억한다고 말했다. 캠프는
가정폭력, 몸과 욕망이라는 문제에 집중됐다. 부모가
자신들에게 휘두르는 폭력이 훈육이라며 정당화되는
환경에서 상처를 설명할 언어를 못 찾아 답답했던
여자 청소년들은, 숨통이 트이는 경험을 했다. 아팠던
감정을 발설하는 장을 얻은 딸들은 밤이 새는 줄 모르고
이야기꽃을 피웠다. 여자 청소년들이 자신의 몸과 욕망을
말했다. 자위, 성적 욕망, 동성애 등 말하지 못하고 마음 속
깊이 죄책감을 가졌던 경험들을 털어놓았다. "참가자 한
분이 자위 경험을 말하다가 펑펑 울었어요. 여자 청소년이
자기 성을 들여다보는 일이 얼마나 죄책감이 들고, 말할
수 없고, 수치스럽고, 질타를 받는 일이었는지 느끼게
해주는 시간이었어요." 충분히 울 때까지, 그래서 다 말할
수 있을 때까지 천천히 기다려줬다. "깊이 공감하며 한참을
기다려주던 동료들의 풍경이 마음속에 남아 있어요. 그렇게

---

* 이재덕, 〈'페미니스트' 최현희 교사 인터뷰 "이 아이가 인생에서 처음이자
마지막으로 페미니스트 교사를 만나고 있다는 심정으로 대화"〉, 《경향신문》,
2017년 10월 30일 자 참조.

서로가 하지 못했던 이야기를 할 수 있었던 시간이어서
인상 깊었죠."

캠프에서 밤새 이야기를 이어가던 양지혜는 여러 번의
감정 변화를 경험했다. 처음에는 '나만 그런 게 아니구나'
안도했다. 어느 순간부터는 해방감이 밀려왔다. 좀 더
시간이 흐르자 마음이 연대감을 향해 달려갔다.

그때부터 그는 청소년 시각에서 바라보는 페미니즘운동을
하고 있다. 청페모에서는 스쿨미투 문제에 적극적으로
연대했다. 청소년 페미니즘 기자단 '소녀, 소녀를 말하다'를
꾸려 여성 청소년의 삶을 취재한 기사를 《오마이뉴스》에
연재하기도 했다. 청페모에서 이름을 바꾼 위티에서는
'콘돔 or 반창고'라는 사업도 벌였다. 청소년의 성적 욕망을
인정하라는 캠페인이었다. 청소년의 성을 보호한다면서
소녀들을 상품화하고 거래하는 이중적 태도를 버리라는
것이다. 번화가에서 청소년들에게 콘돔을 나눠줬다.

시행착오를 생각하면, 지금도 웃음이 난다. 틀림없이
집회신고를 했는데 신고가 안 돼 있어, 장소를 옮겨 겨우
집회를 마무리했던 기억을 떠올렸다. "공원 집회여서
녹지과 허가까지 받아야 했는데 몰랐던 거예요. 아무도
알려주는 사람이 없어서요. 그냥 집회신고만 하면 되는 줄
알았거든요." 지금은 재밌는 기억으로 남아 있지만 당시에는

당황해 어찌할 바를 몰랐다.

두렵지만 너와 같이 말한다

2018년에는 학교에서의 성폭력·성희롱을 고발하는
스쿨미투가 봇물 터지듯 쏟아졌다. 양지혜는 어제오늘의
일이 아닌 학교 내 성폭력을 학생들이 나서 고발할 수
있었던 건, 2017년 페미니즘 교육의 필요성을 제기했던
최현희 교사, 2018년 1월 성폭력 피해를 고발했던 서지현
검사의 용기 덕분이었다고 본다. 두 사건에 영향을 받아
에스엔에스(SNS)에서 익명의 학내 고발이 산발적으로
계속됐다. 그러다가 2018년 3월 서울 용화여고를
시작으로 학교 이름을 공개하고 교사의 성폭력을 고발하는
스쿨미투가 이어졌다. 같은 해 5월 고등학교 기숙사
불법촬영 사건이 일어났고, 9월 들어 스쿨미투가 다시
폭발적으로 쏟아졌다.

그는 고발자들을 서로 연결하고, 그들이 용기 내어 대중
앞에서 말할 수 있도록 도왔다. 청페모와 함께 고발자의
이야기를 대중에게 전달하는 집회를 열어 대중에게
스쿨미투를 알렸다. 그는 청소년 고발자들을 돕는 과정에서
고발자들이 외로운 싸움을 하는 걸 지켜봐야 했다.

"피해자들이 대부분 학교에서 2차 피해를 당했어요. 고발자 색출에 나서는가 하면 고발자에게 학교 명예훼손을 이유로 사과문을 요구한 학교도 있어요. 언론 보도가 나오면서 여론이 들끓자 학생들을 강당에 모아놓고 가해 교사에게 사과하도록 시킨 뒤에 마무리한 학교가 대부분이에요."

주변 선생님들도 '이 정도로 넘어가자'고 거든다. '대학 입시가 코앞이다' '다 된 밥에 코 빠뜨릴 거냐, 조금만 견뎌라' '공부에 집중해야 할 때'라고 어르고 달랜다. 당근과 채찍을 함께 사용한다. 고발했지만 가해자가 제대로 처벌받지 않는 현실에서 피해자는 지쳐간다. 한국사회에서 어차피 청소년기는 '견뎌야 하는' 시기다. 공부하는 것 외엔 모든 걸 미루어야 하는 때로 이해된다. 외로운 싸움을 지속할 힘을 잃기 쉽다. 대부분은 체념한다. 마음의 고통을 잊으려고 공부에 몰입하려 애쓴다. '우선, 대학을 가자. 이 고비를 넘기자' 다짐하고 또 다짐한다.

그는 "청소년기도 인간다운 삶을 살아야 하는 시기 아니냐"며 "그동안 학교는 '대학 가면 괜찮아진다'며 견디라고만 했다"고 말했다. "오래전부터 있던 교사 성폭력이 뒤늦게 터져나온 이유 중 하나가 거기에 있다"고 강조했다.

그는 2018년 12월, 스위스 제네바에 있는 유엔에

2018년 스쿨미투 이후 스쿨미투 집회를
제안했으며, 11월 3일 스쿨미투 집회
'여학생을 위한 학교는 없다'의 기획자이자
사회자로 함께했다.

다녀왔다. 유엔아동권리위원회(이하 위원회)가 청페모와 민주사회를위한변호사모임(이하 민변)을 초청했다. 두 단체가 함께 제출한 스쿨미투 보고서를 인상 깊게 본 덕분이었다.

청페모가 위원회에 스쿨미투 보고서를 제출한 이유는 위원회 회원국인 대한민국 정부를 압박하기 위해서였다. 스쿨미투에 대한 정부의 책임 있는 대응을 요구하는 청소년들의 목소리가 거리를 쩌렁쩌렁하게 울리는데도, 무반응으로 일관했던 정부에 화가 치밀었다. 대응책을 논의하던 과정에서 찾은 해결책이 위원회에 스쿨미투 보고서를 보내는 것이었다.

위원회는 매년 회원국이 협약에 따른 의무를 이행했는지 모니터링한다. 회원국은 아동권리 실태에 대한 국가보고서를 제출해야 하는데, 국가보고서가 제출된 후 일정한 때까지 엔지오(NGO), 국가인권기구, 아동 등도 민간보고서를 제출하도록 한다. 위원회는 본심의 전에 민간보고서들 가운데 특별한 케이스라 판단되는 경우, 보고서 작성의 주체를 직접 초대해 사전심의를 진행한다. 청페모도 이런 절차를 거쳐 초대됐다. "유엔에 가게 됐을 때 되게 막막했어요. 심지어 저는 여권도 없었고, 항공비조차 없었어요." 그래서 '카카오 같이가치 펀딩'으로 여비를 마련했다. 그런 까닭에 "유엔에 갔던 그 시간보다, 그걸 만들기 위해 얼마나 많은 사람들이 스쿨미투에 대한 고민을 나눴는지가 기억에 남는다"고 했다. 1주일도 되지 않아 500만 원이 모금된 일, 스쿨미투를 지지하는 의견을 조금이라도 더 많이 가져가려고 추운 날씨에도 오돌오돌 떨며 서명운동을 이어갔던 일이 뇌리 깊이 새겨져 있다.

위원회에 가서는 여성인권, 아동인권 전문가들을 만났다. 위원회에는 많은 의제가 접수된다. 특히 아동권리 분야는 인간에 대한 모든 권리가 다 보고된다고 해도 과언이 아닐 정도로 많은 이야기가 다루어진다. 전문가들이 놀라워한 건 스쿨미투가 자발적이고 조직적인 형태로 진행됐다는 것이다. 다른 나라들도 미투운동에 청소년이 참가했지만, 한국 같은 조직된 형태로 참여하진 않았다. 더구나 시민 후원까지 받아 제네바에 왔다는 걸 놀라워했다.

하지만 "한국은 선진국인데, 학내 성폭력을 예방하고 해결하는 제도적 시스템이 없냐"고 물었다. 정부의 태도를 이해하지 못해 보인 반응이었다. 그는 학내 성폭력 관련 제도와 시스템이 있지만 입시 위주 교육 제도 탓에 잘 작동되지 않는다고 한국의 상황을 설명했다. 전문가들은 어떻게 그럴 수 있느냐며 고개를 저으며 놀랐다.

위원회를 방문한 뒤 그는 이후의 행보를 고민하게 됐다.

우선 '스쿨미투, 대한민국 정부는 응답하라'라는 유엔 보고 집회를 열었다. 위원회에 전달했던 요구안을 청소년들이 직접 청와대에 전달했다. 이날 청폐모 등 시민단체 49곳은 "정부의 스쿨미투 종합대책이 근본 해결책을 담지 못했다"며 학교 성폭력 전수조사, 예비교사 페미니즘 교육 의무화, 스쿨미투 사건 적극 수사 등을 촉구했다. 스쿨미투 고발 학생들은 발언 중에 눈물을 흘렸다. 함께 있던 그도 눈물을 흘렸다. 잘못을 저지른 가해자가 오히려 큰소리를 치고 다녔다. 피해자가 명예훼손으로 고소를 당해 조사를 받으러 다니느라 심적 고통에 시달렸다. 결코 승리했다고 말할 수 없는 상황이었다. 하지만 그는 소중할 걸 얻었다고 말했다.

"함께 절망했기 때문에 두렵다는 감각조차 온전히 받아들일 수 있었어요. 그래서 무너지지 않고 일어날 수 있었고요. 더 연약한 사람을 바라볼 수 있었어요. 그래서 서로 눈물겨워하면서도 계속해서 말하는 걸로 스쿨미투를 이어올 수 있었다는 걸 알게 됐어요."

그는 더 연약한 사람들을 향한 연대를 말했다. '두렵지만 너와 같이 말한다.' 이 감각으로 스쿨미투를 외쳤다. 연대는 절망을 함께 바라보는 거였다. 그가 생각하는 페미니즘은 절망적인 현실에 등 돌리지 않는 것이다.

스쿨미투는 현재 어떤 상황일까. 2018년 상반기, 가장 많이 나온 표현은 '가해 교사는 돌아오고 피해자는 떠나갔다'는 말이다. 가해 교사는 다양한 이유로 복직했다. 제대로 징계받지 않은 교사도 있다. 가장 많은 케이스가 전근으로 처리돼 재단의 다른 학교에 남은 경우다. 가해 교사의 징계결과 정보는 '개인정보 보호'라는 이유로 공개되지 않고 있다.

용화여고의 경우 18명의 가해 교사 중 15명이 돌아왔다. 징계를 받은 것인지조차 알 수 없다. 정치하는엄마들이 이 정보를 공개하라고 제기한 행정소송에서 재판부는 2020년 3월 정치하는엄마들의 손을 들어줬다. 서울시는 항소했다. 양지혜의 말에 따르면 스쿨미투 고발자들조차 자신의 사건이 어떻게 처리됐는지 모르는 경우가 많다.

학교 내 성폭력을 바라보는 문화도 바뀌지 않았다. 여전히 교사 성폭력이 학교에서 용인된다. 학내 성폭력 해결을 위한 전망도 없다. 그는 2018년 상반기에 진행했던 '그것은 교권이 아니다'라는 행사를 떠올리며 말했다. "스쿨미투를 일부 악마 같은 교사들이 한 일로 묘사하거나 이들의 시대의식이 떨어져서 일어난 일이라고 많이 생각하세요. 아니거든요. 스쿨미투는 학교 내에서 교사와 학생 간, 여성과 남성 간의 젠더 권력이 비대칭된 상황에서 터져나온 거예요."

유엔아동권리위원회의 제5~6차 사전심의에
참석해 스쿨미투 의제를 국제사회에 알렸다.

교사들이 그동안 '다 너를 위해 그런 거야' 하면서 학생의
일상과 인권까지 품평할 수 있었던 교사의 위치를
내려놓아야만 스쿨미투가 말하는 변화를 만들 수 있다.
지금의 위계적인 방식이 아니라 평등한 관계를 맺는
방향으로 학교 문화가 바뀌어야 가능한 일이다.

그런데 안타깝게도 스쿨미투 운동에서 이런 이야기가
충분히 발화되지 못했다. 학교에서 권력을 가진 사람이
누구고, 말을 할 수 없었던 사람은 누구이며 왜 발언권을
갖지 못했는지, 부당함을 감내해야 하는 사람들에 대한
고민이 이어지지 못했다. 어느 순간 급속도로 발언이
줄어들다 사라졌다. 하지만 양지혜는 그간 반영되지 못했던
학생들의 목소리를 드러낸 것에는 큰 의미를 둔다고 했다.

좋은 어른은 언제나 좋은 동료

2019년 청페모는 위티란 새 이름으로 옷을 갈아입었다.
양지혜는 최유경 씨와 공동대표를 맡았다. 대안학교 학생인
최유경 씨가 선거를 통해 공동대표로 취임한 건, 청소년이
주체여야 한다는 원칙에 따라 결정한 일이다. 프로젝트에
따라 자유롭게 모이고 흩어졌던 청페모가 느슨한
연대체였다면, 위티는 청소년 인권과 여성 문제를 함께
다루는 비영리단체로서 활동한다.

위티는 현재 서울과 경기도, 광주와 부산, 대구, 충청도 등에 12개 분회와 지부를 두고 있다. 청소년들이 이처럼 전국 단위 여성주의 단체를 조직한 사례는 세계적으로도 흔치 않다. 단체 이름인 위티는 '우리는 10대 페미니스트(We Are Teenager Feminist)' '10대 페미니스트와 함께(With Teenager Feminist)'에서 따왔다. 고등학생 나이대의 회원이 다수고 가장 어린 회원이 중학교 1학년 나이인 2006년생이다.

그는 요즘 단체 운영에 대한 고민이 깊다. 주요 멤버들이 청소년 활동가여서 여러 가지 제약이 많은 것도 힘든 점 중 하나다. 일화를 소개했다. 회의를 하려고 스터디룸을 갔는데, 중학생은 들어갈 수 없다고 출입을 막았다. 예상 밖 반응이어서 당황했다고 말했다. 왜 들어갈 수 없느냐고 물었더니 청소년들은 떠들기 때문이라는 답을 들었다. 성인 중에도 떠드는 사람이 있다. 연령에 대한 확고한 고정관념이 느껴져 쓸쓸했다.

청소년들에게 칸막이를 치는 문화는 사회운동 내에도 있다. 가령 운동단체의 후원주점만 해도 그렇다. 퀴어축제에서는 술을 판매한다는 이유로 애프터파티에 출입할 수 없었다. 그는 사회운동의 많은 행사들이 청소년들도 함께할 수 있는 내용으로 바뀌었으면 하는 바람을 드러냈다. 한 여성단체에서 주최하는 콜로키움에 참여를 하려고 했을 때도 비슷한 일이 있었다. "공지에 '19금 담론이 나오기

때문에 연사의 요청에 따라서 청소년 출입을 금합니다'
이렇게 써놓으셨거든요. 그걸 아무렇지도 않게 생각하고,
전혀 부끄럽게 생각하지 않는 문화예요. 그게 우리와
여성단체 간의 간극이라고 생각해요. 누군가를 배제할
만큼 그 행사가 그렇게 의미 있는 거였나 하는 의문이 많이
들더라고요."

위티는 그와 또 한 명의 활동가를 제하곤 구성원 모두가
청소년이다. 그곳에서 그는 자신의 역할을 어떻게
만들어가고 있을까. "지금의 역할과 앞으로의 역할이
있다고 생각해요. 지금은 조력자이자 참가자라고 생각해요.
스쿨미투에서 만났던 청소년들과 위티를 만든 건데, 모두들
활동이 처음이에요. 2017년에 청페모를 만들 때처럼요.
2020년에도 2017년처럼, 청소년들에게 활동가로서 역할을
할 수 있도록 사회에서 기회를 주질 않았어요. 참여자 혹은
발화자 정도의 역할은 주지만요. 그들이 활동가로서 온전히
하나의 일들을 해나갈 수 있도록 조력하고 같이 고민하면서
실무를 좀 책임져주는 역할? 그게 지금의 제 역할이에요."

그는 "좋은 어른이 필요하다는 말을 정말 많이들 하지
않냐?"고 물으며 "좋은 어른은 언제나 좋은 동료"라고
의견을 피력했다. '좋은 어른은 좋은 동료'라고 신중히
말을 이어가던 목소리가 오래도록 마음에 남았다. 내 삶을
동정이나 시혜의 대상으로 바라보지 않고, 동등한 관점으로

접근하는 사람. 단순히 뭔가를 지원해주는 대상이 아니라, 함께 책임지고 세상을 바꾸는 기획을 같이 논의하는 파트너. 그런 사람이 되려면 고민을 함께 짊어지는 태도가 필요하다. 그는 자신에게 "그런 파트너가 청소년기에 굉장히 필요했다"고 덧붙였다. 이제 자신이 그런 파트너가 되어주고 싶다며 웃음 지었다.

선배 페미니스트들에 대해 할 말이 없냐는 질문에는 난처한 웃음으로 불편한 마음을 드러냈다. "제가 느끼는 것은 청소년 인권과 페미니즘은 늘 조화롭지 않다는 거에요. 언제나 긴장 상태에 있어요." 그는 특히 청소년 성에 대해 보호주의 입장을 취하는 페미니스트들에 대해 우려를 표했다. "성인 여성도 그렇지만 청소녀는 더욱 순결해야 한다고 생각하잖아요. 성을 몰라야 하는 존재로 기대하는 거죠. 한국사회에서는 청소년 성폭력 문제를 대할 때 '더럽혀졌다' '순결을 잃었다' '큰 오점이 생겼다'는 식으로 이야기해요. 순결 이데올로기 때문이죠. 이에 저항하는 담론이 필요해요."

그가 청소년을 성적 욕망이 있는 존재로 보라고 주장하는 이유다. 스쿨미투를 바라보는 관점에 대해서도, 마치 "교사가 성폭력을 저질러 학생의 '정상성'을 망가뜨렸다, 새하얀 종이를 더럽혔다는 식으로 보면 곤란하다"고 말을 이었다. 교사가 성적 자기 결정권이 있는 학생에게 위력을 써 폭력을 저지르는 게 성폭력이라고 못 박아 말했다.

아버지의 연장으로 아버지의 집을 부술 수 없다

20대인 그는 연애를 어떻게 생각할까? 그는 "스무 살에 결심을 했다"고 운을 뗐다. 어떤 결심인지 호기심이 일어 귀를 쫑긋 세웠다. 조금의 망설임 없이 화살같이 말을 쏟아냈다

"어떤 남성의 가치관에 맞추는 데이트 파트너가 되지 말아야겠다 다짐했어요." 자연스럽게 결혼하지 않겠다는 비혼 선언으로 이어졌다. 무심코 내뱉은 말이 아니라 오랜 기간 고민하며 내린 결정인 만큼 비정함이 서린 목소리로 덧붙였다.

"정해진 생애주기를 거부할 때, 새로운 생애주기를 찾는 게 되게 어렵잖아요. 대학입시 거부를 하고 나서 그런 마음이었거든요. 대학입시 거부를 한 일흔인 사람을 내가 본 적이 없는데, 그러면 나는 대학을 가지 않고 이 학벌사회에서 일흔까지 살 수 있을까? 무사히 할머니가 될 수 있을까? 고민했어요."

정해진 생애주기가 확고하게 자리 잡힌 한국사회에서 그라고 달랐을까. 그는 "이제 모든 감정을 솔직하게

털어놓을 수 있게 됐다"고 말하며, 자신의 존재가 지워졌던 때의 감각을 꺼내놓았다. 정해진 옷을 벗어던졌지만 자신의 존재를 뭐라고 설명하기가 어려웠다. 대학을 다니는 것도 아니고 백수인 것도 아니고 취업을 준비하는 청년도 아니니까. 모아둔 돈은 없고, 한 달 벌어 한 달을 산다는 생각까지 하면 머릿속이 아득해지기도 한다. 불안한 마음이 가슴 깊은 곳에서 실타래같이 감싸고 있던 자신감을 삐집고 자꾸 올라왔다. 그때마다 스스로 선택한 길을 가는 동료들을 보고 힘을 얻었다. '이야, 멋있다. 동료들이 있어서 덜 외롭네' 생각했다. "서른 살쯤 된 내 모습을 상상할 수 있게 된 것도 새로운 길을 선택하는 동료들을 보며 용기를 얻었기 때문이에요."

그리고 스쿨미투 운동에 이어 위티를 창립하면서, 중심 밖에 있는 이들의 언어가 결국 세상을 조금씩 바꾸는 새로운 언어일 수 있겠다고 절절하게 느꼈다. 그가 열여덟에 읽었던 《페미니즘의 도전》에도 나온 벨 훅스의 문장처럼, 아버지의 연장으로 아버지의 집을 부술 수는 없는 법이니까. "제가 고등학생 때, 사람들은 저를 두고 청소년 당사자 운동을 하는 사람이라고 말했거든요. 하지만 피해자로서 받은 피해만 말하는 사람 같을 때가 있었어요. 사람들은 제가 얼마나 힘들고, 침해받고 있는지 말해주기만을 원했어요."

지속 가능한 청소년 페미니즘 운동을 꿈꾸는
지금의 모습.

청소년 정책을 논의하는 모든 자리에서 청소년은 피해 당사자로서 피해를 말하는 역할밖에 못했다는 지적이다. 그런 까닭에 청소년기가 끝난 뒤에 '이제 나는 어떻게 청소년 운동을 해나가지?' 고민했다. 하지만 스쿨미투나 위티 창립 과정에서 내가 청소년 당사자가 아니어도, 활동가로서 동료들과 연대감 속에서 세상을 바꾸는 운동을 지속적으로 할 수 있다는 걸 알게 됐다.

스물다섯이 된 그는 청소년들과 더 오래 함께 일할 수 있는 방법을 고민하다 청소년 관련 학위를 받아야 할까 고민하기도 했다고 털어놨다. "청소년들과 함께하려면 대학에 가서 청소년 관련 학위를 따고 어떤 기관 센터장이 되어 누굴 지원하는 역할을 해야 하나 고민했어요."

이내 마음을 접었다. 청소년들이 당사자로만 머물지 않고 위티에서 실제 세상을 바꾸는 기획을 하도록 조력하고, 청소년 활동가를 어떻게 하면 더 많이 세울지 고민하는 것이 자신의 역할이라고 마음을 굳혔다. 최근에는 위티의 지속 가능성을 고민하고 있다. 경제적 독립을 위해 애쓰고 있다. 그 과정에서 활동가들이 책임감 때문에 단체에 남는 게 아니라, 조직과 개인이 함께 성장할 수 있는 곳이 되기를 꿈꾼다.

'지금 이 자리에서 고민하는 게 나답게 사는 일'이라는 고백을 하기까지 그는 얼마나 힘든 세월을 보냈을까.

절망을 오래 바라본 사람들이 할 수 있는 일

여러 사회운동을 하며 양지혜는 스스로를 '큰일을 하기에는 우유부단하고 느린 사람'이라 생각할 때도 있었다. 게다가 자주 헤매기까지 하는 대책 없는 사람이라고 자책하기도 했다. 청소년 운동을 하면서는 스스로를 다른 사람들과 분리시키면서 지독한 외로움도 겪었다. "페미니즘을 만나는 사람들은 어찌 보면 온세상과 전쟁을 벌이게 되잖아요. 불의가 너무 만연해 있으니까. 그렇게 싸우다보면 스스로가 너무 힘들어지고, 다른 사람들과 나를 분리하게 되기도 하고요. 사실 그게 제 청소년 운동이었어요. '나는 저들과는 다르다'는 감각들이 저를 구성했는데, 그러다보니까 사람이 너무 외로워서 못 살겠더라고요."

사회운동을 좀 더 오래하게 되면서 '이 세상에 도처해 있는 절망들과 나의 절망이 연결될 수 있으면 좋겠다' '많은 사람들에게 말을 걸 수 있게 된다면 좋겠다'는 바람을 갖게 됐다. 특히 청소년 페미니즘 운동을 하면서 '절망을 오래 바라본 사람이 할 수 있는 일이 있을 수 있겠다'는 자신감도 얻었다. 그 감각으로 지금 몸 담고 있는 현장을 동료들과 지키고 있다.

"사람들이 계속 유사해지려고 노력하잖아요. 고정된 사회에
몸을 욱여넣으면서요. 그런데 어느 날 동료가 이런 말을
하더라고요. 유사한 삶이 아니라 유난한 삶을 꿈꾸자고요."
유사한 삶이 아니라 유난한 삶을 살자는 동료의 한마디가
위로가 됐다. 그리고 자신의 운동이 그 방향으로 잘 가고
있는 것인지 질문을 던지게 됐다.

"그간 사람들이 청소년들의 운동을 이해해온 방식은
청소년을 '피해자'로 여기는 방식이었다고 생각해요. 이러한
방식이 청소년들을 유난한 존재가 아닌 유사하고 집단적인
존재로 인식하게 만들었다고 생각해요. 하지만 그래서 또
그 유사함 속에서 또다시 유난함을 찾아가는 여정을 시작할
수 있는 게 아닐까, 그것이 교차성 페미니즘이었다는
생각도 해요." 이런 깨달음 속에서 같은 여성으로 묶을 수
없는 다양한 여성들의 서사가 중요하다고 다짐한다. 그것을
잃지 않는 방식의 페미니즘운동을 고민한다.

그에게 활동은 어떤 방향으로 바라보는 시선을 잃어버리지
않는 일이다. 그에게 찾아왔던 존재들이 각자 경험했던
삶의 부조리함이나 억압을 외면하지 않고 그대로 바라봤던
것처럼, 그것이 문제라고 말하고 같이 절망해주는 것이다.
가만히 있지 않고 함께 절망해주는 사람이 있어서 자신이
큰 위로를 받았다. 하지만 지난 기억들이 잊히지는 않는다.

"절망을 해결하려고 함께했던 경험들이 중고등학교 때의
지난 기억들을 해소시키지는 못해요. '이만큼 성장했으니
지금 다시 학교에 가면 아주 담담하고 상처를 안 받을
거 같다' 이런 말은 못 해요. 하지만 의미는 있었어요.
내가 절망하고, 고민했기 때문에 내가 지금 이 사람들을
만나는구나 싶어요."

양지혜는 고독하나 희망을 말하는 언어를 자주 구사했다.
정상성 밖에서 살아온 사람이 뿜어낸 언어는 가슴을
쓰라리게 파고들었지만 힘을 잃고 부서져버리기도 했다.
설왕설래 흔들리는 언어 속에서 마지막까지 힘을 잃지 않는
말은 바로 연대였다. 그에게 페미니즘은 정상성 밖에서
위태롭게 서 있는 사람의 손을 잡아주는 말걸기였다.

6장

이주민 여자가 페미니스트
정치인이 된 사연

고은영

"여러분, 들으셨습니까? 김현미 장관께서 지금 면담을
약속하셨습니다." 순발력이 만들어낸 신의 한 수. 정치인
고은영은 그때를 떠올리며 미소를 지었다. 두고두고
회자됐던 장면. 사람들의 입에 오르내리면서 그가 정치인이
되는 데 결정적 한 방이 됐다.

김현미 장관께서 면담을 약속하셨습니다

2017년 11월 24일 코엑스 그랜드볼룸이었다. 고은영은
축사를 하려고 단상 위에 선 김현미 국토교통부 장관에게
일어나 외쳤다.

"장관님께 질문이 있습니다. 이 말을 하기 위해 제주에서
왔습니다. 제주 제2공항 건설을 반대하며 굶고 있는 사람이

제주에 있습니다. 알고 계십니까?"

사람들은 술렁댔다.

"제2공항 이야기는 나중에 하고."

당황한 김현미 장관이 무심코 내뱉은 말을 고은영은
놓치지 않았다. "여러분, 들으셨습니까? 장관께서 면담을
약속하셨습니다"라고 받아쳤다.

고은영은 "정치에 무지했던 내가 처음 권력에 따지던
순간이었다"라고 말했다. 그 사건이 있기 전까지 단 한
번도 정치인이 된다는 꿈을 품어본 적이 없다. 정치인들이
보인 작태 탓에 그 또한 부지불식간에 정치혐오가
있었다. 추첨제로 운영위원장을 맡는 녹색당 당규에
따라 제주녹색당 공동운영위원장이 된 뒤, "제가 녹색당
후보로 지방선거를 치러야 한다면 헤엄쳐서 제주를
탈출할 것"이라고 말할 정도였다. 그만큼 고은영 인생에
정치가로서의 모습은 없었다. 그러던 그가 정치인으로
살아가게 된 까닭은 무엇일까?

2014년 10월 4일, 고은영은 서른 해를 보낸 서울을 떠나
제주로 내려갔다. 세월호 침몰 원인과 인명 구조 문제점을
두고 진상조사 요구가 빗발치던 때다. 유가족과 시민단체의
요구를 철저히 무시하는 정부에 대한 성토가 거셌던 때,

고은영은 괴로운 시간을 보내고 있었다. '뭔지 모르겠지만 잘못 살고 있다'는 생각이 그를 내리누르는 탓에 갑갑증이 났다. 이러다 큰일나겠다 싶었을 때는, 어서 빨리 서울을 떠나야 한다는 일념밖에 없었다. 그러던 중, 제주의 한 공공기관에서 취업 합격 통지서를 받았다. 서울을 떠날 준비를 위해 여기저기 원서를 넣었는데, 그중 한 곳에서 연락이 왔다. 더 이상 머뭇거릴 필요가 없었다. 더구나 서울에서 직장을 다니는 내내, 1년에 열 번 이상 찾을 정도로 제주는 그가 너무 사랑한 곳이었다. 웹서핑으로 알아본 월세방을, 보지도 않고 전화로 계약했다. 부랴부랴 짐을 꾸린 그는 제주행 비행기에 몸을 실었다.

그는 서울 생활을 "끝이 보이지 않는 계단을 쓰나미처럼 밀고 올라갔던 삶"이었다고 말했다. 넘어지면 곧바로 누군가의 발이 그 위를 밟고 지나갈 것 같았다. '척척척척' 귓가에 요란한 발소리가 들리는 듯한 불안한 생활을, 성공을 손에 거머쥐겠다는 일념으로 버티며 살았다고 덧붙였다. 그에게 집은 머리를 감기 위해 잠시 들르던 곳이었다. 두세 시간 쪽잠을 잔 뒤에 다시 출근하는 삶을 몇 년간 계속한 그는, 지독한 워커홀릭이었다. 그 덕에 20대 중·후반에 잘나가는 홍보맨이 되었다. 자신을 갈아넣으며 산 삶이었다.

5살 무렵, 롯데월드에서. 그의 아버지는
롯데삼강 아이스크림 영업사원이었다. 월급과
함께 롯데월드 자유이용권이 지급됐기에
롯데월드에 자주 갔다. 가난한 집안 형편에
비해 '나들이 복지'는 좋았던 셈이다.

이런 것까지 해야 해? 이건 너무하잖아

고은영은 학창시절을 어떻게 보냈을까? 서울특별시 성동구
왕십리 행당동. 그가 살던 산동네는 고도가 높아서 기온이
아무리 올라도, 동장 댁 마루 한편에 걸려 있던 온도계의
붉은 심이, 여간해선 위를 향해 쭉 뻗어나가지를 못했다.
고은영의 집은 산봉우리까지 무질서하게 삐뚤삐뚤하게
올라서 있는 집들 가운데 있었다. 그의 어머니는
구멍가게를 운영하며 가족들의 생계를 책임졌다. 술에
취해 비틀거리는 남자를 향해 쏘아붙이는 여인의 앙칼진
목소리를, 드르륵 기관총 갈기듯 터져나오는 이웃 남자의
고함소리를, 아직도 가슴 한구석에 품고 산다고 말했다.

초등학교 3학년 무렵이었다. 그날도 여느 때와 마찬가지로
학교에 가려고 집을 나섰다. 고불고불한 길을 500미터가량
달려 내려갔다. 못 보던 레미콘이 여러 대 서 있었다.
공사가 시작된 모양이었다. 서울시가 발표한 재개발 추진
계획에 따른 것이었다. 이를 막겠다고 주민들은 사투를
벌였다. 그러나 쥐꼬리만한 보상을 받고 이주할 수밖에
없었다. "여기보다 더 싼 집이 어디 있냐"며 "못 나간다"고
마지막까지 버티던 주민도, 무조건 밀어붙이는 행정에
두 손 두 발 다 들었다. 재개발은 무학초등학교 인근부터
시작됐다.

"무학초등학교가 이쯤에 있어요. 무학여중, 무학여고가 여기 있고요. 제가 계속 이 동네에 살아서, 학교를 여기를 다녔단 말이에요. 오가면서 공사 중인 길들을 지나다녔고요. 지금이야 방음벽들이 예쁘지만 20년 전이니까 그때는 그냥 회색 방음벽 쳐놓고, 길도 흙길이었어요."

한번은 원래 있던 집들을 부수고 새로 올린 아파트에 이사와 살고 있는 친구네에 놀러 갔다. 고은영은 사는 모습의 차이를 느껴 충격을 받았다. "바퀴벌레가 일상적으로 나오는 집에서 살았거든요. 아파트는 사각 반듯하고 밝잖아요. 뭔가 안전하다는 느낌? '우왕, 정말 좋다' 그런 마음이 들었어요. 그러면서 우리집이 가난하단 걸 알게 됐어요."

어린 시절, 비좁은 골목골목을 뛰어다니며 벽돌이 잔뜩 쌓인 공사장 한구석에서 비석치기나 고무줄, 얼음땡 놀이를 하며 시간을 보냈다. 집보다 밖에서 보내는 시간이 많았다.

왕십리가 위치한 서울 성동구는 공장이 많은 지역이라 가난한 사람들이 모여 살던 곳이었다. 그런데 재개발로 이 지역의 땅값이 들썩였다. 재개발 구역이 넓어지면서 점점 더 많은 지역의 주민들이 마을을 떠났다. 고은영네 집도 그가 고등학생일 무렵 허물어졌다. 꼭 돌아오겠다는 일념으로 옆 동네로 이사를 간 뒤에도 어머니는 조그만

슈퍼를 운영하며 아파트 중도금을 갚았다. 그 덕에 원래 살던 지역의 작은 아파트로 들어갈 수 있었다. 하지만 그의 친구들은 단 한 명도 돌아오지 않았다. 천정부지로 오른 집값 탓이었다. 그 무렵 고은영은 처음으로 '정말 아무도 없네' 생각했다. "여기 살던 친구들이, 요기 살던 친구들이, 재개발 지구가 하나씩 생길 때마다 전학을 갔어요. 그리고 다시 돌아오지 못했어요. 아파트가 새로 지어질 때마다 이사 온 아이들로 학교는 다시 채워졌고요. 제 성장기는 친구를 잃어버리는 시기였어요."

학창시절 고은영은 공부를 전혀 안 했다. 다른 데 마음이 가 있었다. 학교 수업을 마치면 혼자 버스를 타고 홍대 앞 클럽까지 갔다. 또래 아이들과 무리 지어 헤드뱅잉을 할 때마다 짜릿한 기분이 몸 마디마디를 자극했다. "별세계에 빠져 살았어요. 현실이 너무 우울하니까요. 그런 식으로 탈출구를 찾았던 것 같아요. 그곳이 집보다 더 안전하다고 생각했어요."

밤늦게까지 판타지 소설을 보고, 학교에 가서는 조회시간부터 종례시간까지 엎드려 잠만 잤다. 수업이 끝난 뒤에는 홍대 앞으로 발길을 옮겼다. 그런 그가 서울에 있는 4년제 대학이 아니면 학교를 안 보내주겠다는 엄마의 '협박' 덕분에, 뒤늦게 책상에 앉아 공부를 시작했다. 1년 뒤에 4년제 대학에 합격했다.

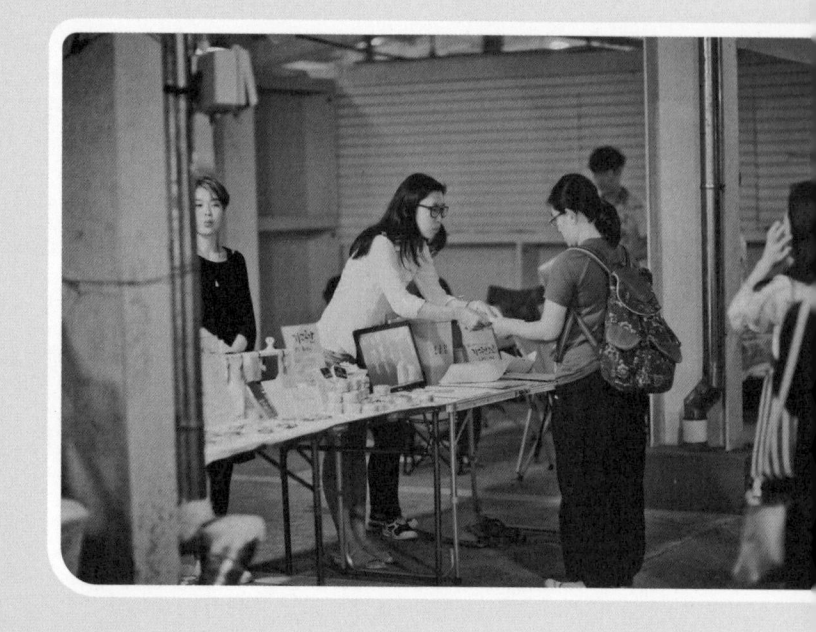

2017년 4월, 제주 플리마켓에서 세월호 진실
규명 관련 서명운동 중. 틈이 나면 세월호를
기억하는 시민 중 한 명으로 활동했다.

대학생이 된 이후에야 비로소 현실에 발을 붙이기
시작했다. 선배들과 동기들 덕분이었다. "깊이 뿌리 내리지
못해 허공에 뜬 사람처럼 살았는데, 대학에 와서 안정감을
느꼈어요. 4년 내내 용돈을 벌기 위해 아르바이트를 해야
하는 고된 생활이었지만, 대학생활은 재밌고 행복했어요.
그런데 3학년이 되니까 덜컥 겁이 나더라고요. 'IMF
키드'이기도 했거든요. 졸업을 하면 취업해서 먹고살아야
하는데, 우리집이 저를 떠받쳐주는 집도 아니니까요. 덜컥
겁이 나서 전경련 같은 데 인턴 지원도 하고 계속 스펙을
쌓았죠."

그렇게 노력한 끝에 원하는 홍보 대행사에 취업을 했다.
대행사 사장이 되겠다는 명확한 꿈도 있었다. 20대
중·후반을 홍보맨으로 굉장히 열심히 살았다. "홍보
대행사에 가면 일을 굉장히 빨리 배울 수 있다는 걸 알고
있었어요. 성공의 지름길 같았죠. 그런 삶이 나 자신을
갈아넣게 된다는 걸 몰랐어요."

이렇게 살아야 성공한다는 신화가 그 길을 가도록
부추겼다. 그 무렵 알 수 없는 불안이 그를 괴롭혔다.
일에 집중하면 언제 그랬냐는 듯 잊을 수 있었다. 하지만
그때뿐이었다. 시간이 지나면서 '이런 것까지 해야 해?'
'이건 너무 하잖아'라는 마음이 넘쳐흘렀다. 그러던 중에
세월호가 가라앉았다.

선물 같았던 녹색당

부랴부랴 얻은 원룸에서 제주 생활이 시작됐다. 경력을 살려 관공서 홍보팀에서 일했다. 운이 좋은 편이었다. 그는 제주에서 생활하면서 자신이 변했다는 걸 알게 됐다. 웬만한 건 꾸역꾸역 참고 넘기던 그가, 부당한 일을 보면 버럭 화를 냈다. 결국 참지 못하고 사표를 던졌다. 성공하겠다는 일념으로 버티던 때에는 부조리한 일을 볼 때 치솟았던 화를 속으로 삭였지만, 세월호 참사 이후 더 이상 부당한 일을 보면 묵인하지 않겠다 결심했다. 1년 반 동안 직장을 세 번 옮겨 다닌 끝에 더 이상 월급쟁이는 못 하겠다 싶었다.

"직장생활만 하던 사람이 직장생활을 안 하면 당연히 공포심이 생기잖아요. 저는 제주도에 나를 먹여 살릴 수 있는 연고도 없고, 친구도 많지 않고, 집세며 자동차 유지비며 다 제가 내고 살았기 때문에 굉장히 공포감이 들었어요. 그래도 그간에 제주 사회의 산업적인 특성들을 알게 되긴 했어요. 공공기관에서 진행하는 문화지원 공모사업을 따면 어떻게든 먹고살 수는 있겠다, 이제 취직을 안 하겠다고 마음먹을 수 있었어요."

프리랜서로 일하기 시작한 뒤, 그동안 마음으로 응원만 했던 녹색당 활동과 제주에 내려와 알게 된 지역 청년단체 활동을 시작했다. 청년단체라 해도 마흔을 넘긴 분들이 많았다. 고은영은 "마을을 살기 좋게 만드는 데 민관이 서로 도와야 한다"며 젊은 패기로 나서서 공무원들에게 필요한 것들을 요구했다.

여러 가지 지역 활동을 재미나게 하며 서귀포 시민으로 살아가던 중에 제주가 뒤집어지는 걸 목격했다. 2016년 4월 무렵이었다. 당시 제주도는 강정해군기지 건설을 강행하는 정부 때문에 몸살을 앓았다.

"강정해군기지 문제를 해결하는 데 참여는 하고 싶은데 지역에 아무런 연고가 없잖아요. 같이 활동할 커뮤니티가 필요했고, 문제를 공감하는 안전장치 같은 게 필요했어요. 그때 녹색당이 떠올랐어요. 녹색당이라면 이주민, 여성, 청년이 기댈 수 있는 안전한 공간일 것이라는 기대감이 있었는데 역시나 그랬어요."

고은영은 해군기지 건설 반대 시위에 열심히 참여했다. 전혀 유력하지 않은 정당, 된장 만들고 매실장아찌 만드는 정당 같지 않은 정당에서 '젊은 이주민 여자애'가 와서 계속 피케팅하고 현장을 지키고 있으니 현장에서도 '알 게 뭐냐'는 분위기가 있었다. 하지만 정작 그는 소리라도 지를 수 있어 행복했다. 어릴 때부터 쌓여 있던 무력감과 분노감이 많이 해소됐다.

"굵직한 사업을 하려면 환경영향평가를 받고 도의회 동의를 받아야 할 때가 있잖아요. 도의회가 결국 최종 권한을 갖고 있을 때도 있고요. 그럴 때 우르르 몰려가서 피케팅하고, 거기 앞에서 낙선운동했어요. 저는 익명이 보장되니까, 사람들이 제 얼굴을 모르니까 되게 열심히 했거든요. 오히려 오랫동안 지역사회에서 활동하셨던 분들보다 어떤 면에서는 래디컬하게 행동할 수 있었던 것 같아요. '[관광단지 건설에] 찬성하면 낙선이다' 구호 외치고요. 일일이 도의원 이름을 거론하며 언론에 알렸어요. 이름을 콕 집어 말하면서 낙선운동 돌입할 거라고 전화도 하고. 막힌 데가 뻥 뚫리는 것처럼 속이 시원했죠."

녹색당 활동은 예상치 못한 선물 같았다. 젊은 여성 이주민이었던 그가 관심 있던 활동을 펼칠 수 있는 안전한 공간을 제공받았다는 점에서 그랬다. 같은 방향을 보며 함께 앞으로 나아갈 동료를 만났다는 측면에서도 마찬가지였다. 녹색당과 인연은 어떻게 맺었을까? 우연이었다. 처음엔 녹색연합 같은 시민단체에 가입하듯 회원 가입을 했다. 아름다운 녹색당의 강령에 끌렸다. "녹색당 김수민 의원이 《시사인》에 연재를 할 때였는데, 글을 너무 재밌게 읽었어요. 그래서 녹색당이 뭐하는 정당인지 너무 궁금한 거예요. 그래서 홈페이지를 봤더니 아무것도 없고 강령만 올라와 있더라고요. 그 강령을 보고 너무 아름다운 이야기여서 단체에 가입하듯 가입했어요."

그때만 해도 정당 활동 자체에 이해나 관심이 없었다.
정치는 나와 상관없는 일로 생각하던 때였다. "녹색당
가입했어"라고 말할 때마다, "뭐하는 데야?" 질문을 들어야
했다. 그때마다 "잘 모르겠는데, 20년 후쯤 집권할 수 있는
당 같아"라고 말했다. '타마고치'를 키우는 심정이었다.

우리를 만들기 위해 우리가 된다

녹색당에는 〈평등문화 약속문〉이 있다. 안전하고 평등한
공간을 만들려는 녹색당이 고민 끝에 만든 규칙이다.
제주에 와서 고은영이 처음 기획했던 제주퀴어문화축제를
준비할 때, 가장 먼저 한 일도 〈평등문화 약속문〉을
쓴 일이다. "안전한 공간은 감수성만 공유한다고 해서
만들어지지 않아요. 합의된 약속이 있어야 해요. 또
가치로서 유용하게 계속해서 운영이 되어야 한다고
생각해요. 왜냐면 모두들 관행 속에서 살아가니까요."

고은영한테도 이런 약속들이 중요했다. 만들어지고 있는
페미니스트이어서 그렇다. 아직까지 내규를 만들어
평등문화를 약속하는 단체가 많지는 않다. 말하자면
녹색당의 자랑 같은 문화다. 이 약속문이 만들어진 계기는

성인지력이 높은 녹색당 내에서 발생했던 여러 건의 성폭력 사건이었다. 녹색당은 성폭력이 감수성만으로 해결되는 문제가 아니라는 걸 깨닫게 됐다. 그 뒤로 녹색당은 모든 행사를 시작할 때 제일 먼저 평등한 언행을 하겠다는 〈평등문화 약속문〉을 쓴다.

이런 작은 몸짓은 나비효과를 가져왔다. 녹색당의 약속문을 다른 단체에서 차용하기 시작했다. 민주노총에도 〈성평등 약속문〉이 있다. 제주퀴어문화축제 기획단도 몇 개를 빼고는 녹색당 〈평등문화 약속문〉을 가져와 사용했다. 이런 장치 덕분에 여성이자 청년인 고은영은 안전하다고 느꼈다. 고은영은 "그것이 보장되지 않았으면 지역에서 외톨이였을 것 같다"고 말했다.

"'디스'는 아닌데, 몇몇 시니어 활동가들을 보면 그분들이 일하는 데서는 실무자로 활동 못 했겠다 싶거든요. 분명 같은 이야기를 하는 공간에 계신 분들인데 그렇더라고요. 저는 성평등문화를 약속하는 원칙을 갖고 있는 공간에서 일을 시작했기 때문에, 운동을 했던 공간이 다 안전했어요. 운이 좋았다는 생각도 들어요."

고은영은 제주퀴어문화축제를 성공리에 마치는 데 중요한 역할을 했다고 평가받으면서 지역사회에서 활동가로 인정받게 된다. 그는 제주퀴어문화축제를 잘 치른 게 띌

듯이 기뻤다. 제주시청이 장소 사용을 두고 전날까지 승인과 철회, 다시 승인하는 과정을 반복했던 터라 기쁨이 더 컸다. 제주시청이 신선공원을 행사 장소로 승인하지 못한다고 입장을 바꾼 이유는, 미풍양속을 해친다는 민원을 무시할 수 없어서라고 했다. 축제 기획단은 행정소송 끝에 '근거가 없다' '장소를 승인하라'는 판례를 받아냈다. 고은영은 소송 과정을 "악착같이" "전쟁 치르듯이" 했다고 말했다. 장소에 대해 이런 판례를 받아낸 건 제주퀴어문화축제가 처음이었다. 참석자가 1,000명이 넘었다. 제주사회에서 치러진 행사 중 지역민이 1,000명 넘게 참여한 행사는 제주퀴어문화축제가 처음이었다. 행사 진행을 했던 고은영은 "이 모든 과정이 우리가 넓혀지는 경험이었다"라고 말했다.

"제주퀴어문화축제가 녹색당 이름을 달고 한 행사는 아니지만 기획단의 많은 사람이 녹색당 당원이었어요. 녹색당을 갈아서 만든 행사였어요. 말하자면 우리가 첫 번째로 만든 판이라고 해야 할까요? 지역사회에 나름의 영향력을 발휘했다는 고무감과 효능감이 되게 컸어요."

사람들이 함께 모여 여러 가지를 할 수 있지만, 정치로 영향력을 행사할 수 있다는 걸 제주퀴어문화축제를 통해 처음 느꼈다. '우리를 만들기 위해 우리가 뛴다'라는 개념을 만드는 소중한 경험이었다.

어떤 '경로'로 존재할 것인가

고은영이 국토교통부 김현미 장관을 면담하게 된 건
우연이었다. 녹색당 당원 한 명이 코엑스에서 열리는
협약식에 김현미 장관이 온다고 귀띔해줬다. 김 장관
앞에서 녹색당이 제주 제2공항 건설 반대를 위해 무언가
해야 하지 않느냐는 제안도 했다. 고은영은 김포행
비행기에 몸을 실었다. 코엑스에서 서울·경기 당원 일곱
명과 함께 시위를 했다. 신이 준 한 수로 면담 기회를
잡은 뒤, 자리에 남아 기다렸다. 그 20분 동안 국토교통부
공무원들에게 시달렸다. 그들은 "이러시면 곤란하다.
나중에 녹색당으로 찾아가겠다"고 회유했다.

면담을 앞두고 초조함을 느꼈던 고은영은, 김 장관을
만나고 나서는 화가 치밀었다. "나도 제2공항 건설에
찬성한다"는 장관의 말 탓이었다. 더군다나 "도지사와
국회의원들로부터 도민들도 제2공항을 강력하게
원한다는 말을 들었다"고 했다. 제주도로 돌아오는 비행기
안에서, 국토교통부 공무원들과 장관의 얼굴이 자꾸만
오버랩됐다. 기획재정부와 더불어 실세 중 실세라고 꼽히는
국토교통부 공무원들이 자신을 에워싸던 모습이 떠올랐다.
"담당부처 장관인 나도 찬성"이라던 김현미 장관의 말이
귀를 맴돌았다. 제주 도민의 생각을 잘못 전달하는 제주
국회의원과 도지사에게 치가 떨렸다. 분한 맘이 치솟아

제주공항에 도착할 때까지 눈물을 흘렸다.

제주녹색당 운영위원장이었던 고은영은 이때 도지사 후보 출마를 어느 정도 결심했다. '제주 문제는 제주 도민이 해결해야겠다' '녹색당이 통로가 돼야겠다' 생각했다. "거대 양당이었으면 저는 커피 타고 있었을 거예요. 아무 조직도 없는 이주민 여자애를 도지사 후보로 출마를 시켜줬겠어요? 어떻게 공천을 받았겠어요?"

고은영이 촛불 정부에 두 번째로 실망한 건 2019년 1월, 시민사회수석실 비서관들을 만나면서다. 청와대 앞에서 제주 제2공항 반대 기자회견을 마친 그가 항의서한을 시민사회수석실 비서관에 전달했다. 그런데 제주에서 극렬한 반대가 있다는 걸 시민사회수석실에서 모르고 있었다. 앵무새처럼 "잘 전달하겠습니다" "잘 알아보겠습니다"만 되풀이할 뿐이었다.

녹색당 당원인 김경배 씨가 2차 단식을 몇십일 째 하다 쓰러져 병원 신세를 지고 있었다. 비서관을 만난 그날, 자유한국당은 청와대가 조해주 중앙선거관리위원 임명을 강행한 데 항의해 릴레이 단식을 하겠다고 입장문을 발표했다. 절박한 상황 속에서 단식을 하거나 고공시위를 하는 사람들이 전국에 숱한데, 자유한국당이 당리당략을 위해 단식을 '이용'하는 게 화가 났다.

공항에서 내리자마자 김경배 씨가 입원한 병원으로
달려갔다. 바싹 말라 초췌해진 얼굴을 보자마자 와락
눈물이 쏟아졌다. 시민사회수석실의 반응을 그에게 전하며
또 한 번 화가 나서 눈물을 참을 수가 없었다.

집에 돌아온 뒤에 먹은 걸 다 토하고 며칠을 끙끙 앓았다.
그런 일을 겪을 때마다 '가만두지 않겠다' '내가 평생
싸우겠다' 다짐한다. 고은영은 이 말을 하면서 울먹였다.
제주도는 무분별한 개발로 만신창이가 된 지 오래다.
지하수를 너무 파내 지반이 내려앉아 제주는 조금씩
가라앉고 있다. 쏟아져 나오는 쓰레기는 더 이상 처리할
공간이 없어 그대로 바다로 유출되고 있는 상황이다.
제2공항이 들어서면 환경오염이 더 심해질 것이다. 제주가
죽어가고 있다는 걸 잘 아는 주민들이 단식을 이어가며
목숨 걸고 제2공항 건설을 반대하는 이유다. 아이들이
살아갈 우리 지역을 환경오염으로부터 살리겠다고 목숨을
거는 선한 국민들이 있는데, 자신들의 이익을 위해 단식을
이용하는 국회의원들의 행태가 한심하다 못해 화가
치밀었다.

국토부 김현미 장관을 면담한 일과 자유한국당이
당리당략으로 단식을 사용한 사건은 고은영이 정치인이
되겠다 결정하는 데 마중물이 됐다. "국토교통부 김현미
장관 앞에서 피켓을 들었을 때가 권력자에게 뭔가를

처음으로 따졌던 순간이었어요. 민원이 아니라 정치적 주체로서 유용하게 따졌던 순간이요. 그런 것들이 정치인 고은영에게 굉장히 도움이 됐어요."

고은영은 이제야 가난하게 살았던 어릴 적 경험이 이어지는 것 같다고 말했다. 재개발이 진행되면서 어릴 적 친구들이 모두 떠나간 경험을 한 그는 입주민들의 의견을 무시하는 재개발 정책에 대해서도 의견을 내놓았다. "사람이 살아가는 데 가장 필수적인 게 커뮤니티더라고요. 돌아왔는데 아무도 아는 사람이 없으니까 휑하더라고요. 공간도 새로운데 친구들도 없으니까." 물론 어릴 때는 인지하지 못했다. 시간이 지나면서 자연스럽게 알게 된 일이었다. 정치가로 살려다보니 명확하게 해석하고 자신의 언어로 바꾸는 작업이 뒤따랐기 때문이다.

고은영은 도시개발을 할 때 그 지역의 청소년에게 의견을 묻는 법적 장치가 필요하다고 강조했다. "도시계획을 세울 때 아이들에게 묻지 않잖아요. 그래서 저는 학창시절에 친구들을 잃었고요. 민원인처럼 '왜 안 물었어?'가 아니라, 정치적 주체로 제가 판단해서 '왜 우리에게, 시민들에게 묻지 않는가' 문제 제기를 할 수 있는 사람이 된 거예요."

고은영은 애니어그램 3번 성취자 유형이다. 그의 말에 따르면 '관종'이라는데, 성취해서 사랑받고자 하는

타입이다. 자신이 정치적 성장을 해야 사람들의 마음을
살 수 있기에 빨리 성장하고 싶다. "권력에 무지했던 아주
평범한 사람이 따지기 시작하고 묻기 시작하고 정치 주체가
되는 모습들을 사람들에게 보여주고 증명해주는 과정
자체가 권력을 민주화하는 방법 같아요. 제가 그 경로가
되고 싶고, 사람들과 그런 것을 나누는 게 제 관심이에요. 제
주변의 '영걸'들과요." 그는 권력을 민주화하는 사람으로 서
있고 싶다고 말했다.

말 잘하더라, 그렇게 바뀌어야지

김현미 장관을 만나고 온 후, 고은영은 녹색당 제주 도지사
후보로 나섰다. 경선을 마칠 때까지 후보 결정 과정이
전국에서 가장 길었다. 처음부터 도지사 당선을 바라고
출마하지 않았다. 비례대표 도의원이 당선되도록 녹색당의
정당 지지율을 높이는 것이 선거 목표였다. "선거 중간부터
바람이 불기 시작하면서 비례대표가 나올 수 있을 거 같은
거예요. 사람들이 그때부터 제가 눈이 뒤집혀 있었다고
말하더라고요."

고은영을 불태워서 비례1번 도의원을 당선시키자는 게 그의
전략이었다. 어딜 가나 '어이구' 반색하며 사람들과 악수를
했다. 젊은 나이에 그런 액션을 취한다는 게 쉽지 않았을

텐데, 정작 본인은 아무렇지도 않았다고 말하며 웃음
지었다. 아쉽게도 득표율 4.87퍼센트로 도의원을 만들지는
못했다. 박빙의 승부였다. 고은영은 '엄마정치'를 꿈꾸던
동갑내기 친구를 의회에 못 들여보낸 게 천추의 한이라고
아쉬워했다.

제주는 기초의회(시·군·구의회)가 없다. 광역의회인 도의회만
있다. 그래서 제주에서 도의원의 위치는 국회의원과
맞먹는다. 권한이 큰 만큼 녹색당에서 도의원이 한 명
나오면 많은 일을 할 수 있다. 비례 1, 2번 후보와 도지사
후보 고은영이 통합캠프를 꾸려 세트처럼 함께 다닌
이유다. 당 지지율을 끌어올리기 위한 전략이었다.

녹색당은 당시 돈 안 드는 선거를 내걸었다. 고은영은
시민후원을 받아 지방선거에 출마했다. 그런 만큼
선거자금을 허투루 쓸 수 없었다. 녹색당에 모금된 시민
후원금 중 1억 1,000만 원이 고은영 후원계좌에 꽂혔다.
그중 5,000만 원을 기탁금으로 사용했다. "선거 때 돈이
어디서 오는가가 그 정치인이 어떤 정치를 하는가를
말한다고 자주 이야기했어요. 저는 시민에게 돈을
받았으니까 시민들을 위한 정치를 할 거라고요."

녹색당은 제7회 지방선거에서 고은영, 신지예(서울시장
후보) 두 여성 정치인을 내세웠다. 2017년 제4차

2018년 4월, 선거 과정을 기록한 수백 장의
사진 중 고은영이 가장 좋아하는 장면. 오수경
제주도의원 비례대표 후보의 딸 하정이의
손을 잡고 행진 중이다. 제주 강정해군기지
정문 앞을 횡단하고 있다.

세계녹색당대회에서 성평등을 전략의제로 삼은 데 따른 것이다. 특히 제7회 지방선거를 준비하면서 녹색당은 전략 지역을 두 곳 선정했다. 수도권과 지역에서 각각 한 명을 전략적으로 밀겠다고 밝혔다. 제주 제2공항 건설 문제를 해결해야 하는 제주녹색당이 제주를 전략 지역으로 선정해달라고 요청했다. 당의 결정에 따라 광역 캠프 후보의 기탁금 지원을 제외한 나머지 시민후원금을 이 두 후보를 위해 사용했다.

"기탁금이 5,000만 원이면 청년은 하지 말라는 얘기죠. 광역 자치단체 선거 기탁금이 국회의원 선거 기탁금보다 더 세요. 나머지 선거비용이 6,000만 원 들어서 1억 1,000만 원 가지고 선거를 치렀어요. 시민후원과 무급 자원봉사자들이 없었다면 선거를 치르지 못했을 거예요. 나중에 세보니까 무급 자원봉사자가 56명이었어요."

처음에는 정책팀 위주로 돌아갔다. 공약을 만들기 위해서였다. 팀에 연구자 집단이 거의 없었다. 정책팀 활동가들이 수백 시간 모여 토론했다. 133개 정책이 그런 노력 끝에 탄생했다. "정말 열심히 공부했어요. 그때 자료들을 아직도 많이 참고해요."

간담회 개최도 열심히 했다. '고은영이 이주민을 만난다' '고은영이 제2공항을 반대하는 주민들을 만난다' '고은영이 강정의 활동가들을 만났다'. 홍보맨 출신답게 기획을 만들어 주민들과 접촉하는 시간을 넓혀나갔다. 그가 누구인지 모르던 지역 상황에 딱 맞는 전략이었다. 게다가 언론 방향도 좋았다. 수십 군데 매체와 인터뷰를 했다.

"젊은 여성이어서 주목을 받은 것도 있고, 기탁금 5,000만 원을 내고 예비후보로 등록한 사람이다보니 똑같은 비례로 마이크를 줘야 했던 것도 있었어요. 언론의 공정함을 위해서요. 다른 후보보다는 매체 수가 적긴 했지만, 도지사 선거에 나가는 것이다보니 언론들이 많이 관심을 가져줬고 그게 선거운동에 도움이 됐어요."

도지사 후보들 간의 방송 토론회가 끝난 뒤부터는 바람을 탄다는 게 확연하게 느껴졌다. "긴 시간의 생방송 토론회를 다른 후보들과 하는 모습을 보면서 사람들이 저에 대해서 인지하기 시작한 거예요. 저는 어려운 말을 쓰는 걸 좋아하지 않거든요. 알아듣게 이야기하는, 어려운 이야기를 하지 않는 후보인거죠."

동시에 매일 시장을 돌며 상인들을 만났다. 언론에 오르내리면서 지역 주민 중에 "말 잘하더라. 그렇게 바뀌어야지" 알아보는 도민도 늘었다. 이렇게 지역사회에서 어느 정도 회자되자, 관심을 갖는 당원들이 생겼다. 그렇게 어느 순간, 선거 준비에 동력이 생기고 탄력이 붙었다.

"전 길 잘 알아요", "그럼 운전하세요."

"팀을 운영할 때, 당원들이 하고 싶어 하는 거, 잘할 수 있는 역할을 그냥 드렸어요. 영상하고 싶은 사람 있으면 '하세요'. '전 다 싫고 피켓 들고 춤추는 거는 할 수 있어요' '아, 하세요'. '전 길을 잘 알아요' '그럼 운전하세요'. 자기실현의 캠프라고 했거든요. 똑같은 옷 입고 우르르 몰려다니면서요. 녹색 스머프들처럼요."

선거운동도 새롭게 했다. 초반 3일 동안 전기 없는 선거운동을 했다. 스피커 사용을 안 하고, 대면 선거운동만 했다. 주의를 집중시켜야 할 때는 확성기 대신 종이 고깔을 활용했다. "본선거 기간이 2주 정도 되거든요. 그때 3~4일은 엄청 소중한 시간이에요. 마이크를 쓸 수 있는 시간이니까요. 그때 선거 차량 되게 많이 다니잖아요. 그걸 할 수 있는 기간이에요. 도지사 후보로 나왔는데 3일을 그걸 안 했어요."

버려진 쓰레기를 가져다가 선거 차량을 꾸민 것도 당원이 제안한 아이디어였다. 고은영의 룸메이트가 사무실 옆 철거 현장에서 버려진 쓰레기를 주워 와서 트럭을 꾸몄다. '고은영이 전기 없는 선거운동을 끝내고, 환경을 생각하는 선거운동을 시작합니다'라고 홍보했다.

고은영 캠프는 지역에서 처음하는 것들을 계속 기획하며

차별화를 시도했다. 신선하다며 언론에서 앞다퉈 보도했다. "트럭을 직접 꾸며 만들었잖아요. 그런 거 하나하나가 회자됐어요. 제주에서 쓰레기 문제가 엄청 심각하거든요. 버려진 물건을 재활용한 선거운동이 미래를 염두에 둔 전략이라며 주목받았죠." 이런 시도가 녹색당 고은영은 말만 앞세우지 않고 정책을 실천하는 후보란 인상을 만들어줬다.

마법 같은 일도 경험했다. 공보물을 인쇄해야 하는데 제주가 육지보다 제작비가 비쌌다. 비용을 절약하려고 제주가 아닌 다른 지역에서 공보물을 제작했다. 그 많은 공보물을 배로 제주항까지 가져와 내렸다. 제주도 43개 읍·면·동에 배달하는 건 후보자 캠프 몫이었다. 그 일을 하려고 캠프 자원봉사자들이 자기 트럭을 가지고 와 대기하고 있었다. 컨테이너에서 내려진 공보물을 착착 자기 트럭에 싣고 맡은 읍·면·동으로 출발했다. 제주도의 크기는 서울의 세 배 정도다. 수많은 공보물들이 순식간에 없어지는 게 마법을 보는 것 같았다.

"녹색당이란 시민정당에서 후보가 바람을 타는 걸 보고 희망이 있다고 판단되니까, 무력감을 떨치고 사람들이 직접 나서서 뭐라도 하려는 마음이 있었던 거잖아요. 그게 일반 시민들도 똑같을 거라고 생각해요. 저는 그런 것을 선거할 때 본 다음에, 정치적 희망이 사람을 얼마나 움직일 수 있는가 생각하고 있어요. 그런 희망을 드리는 사람이 되고 싶어요."

그는 많은 시민들과 당원들이 고은영 곁에서 지켜줬다며 눈물을 글썽였다. 고은영이 선거에 나왔지만 시민들이 선거를 치른 것으로 생각한단다. "제가 무급 자원봉사자가 56명이라고 말씀드렸는데 지속적으로 선거운동을 같이했던 분들만 센 수예요. 당원 한 분은 추자도에 사시는데 공보물을 추자도에 가져가셨거든요. 이런 분들은 세지 않은 거예요. 보이지 않은 시민들과 당원들이 얼마나 제 곁을 지키셨는지 몰라요."

하지만 대중들이 자신을 평가하는 말 때문에 상처도 받았다. 모든 순간을 처음 겪는 입장이라 더 그랬다. 안 좋은 말을 들을 때마다 심적으로 굉장히 힘들었다. "그날그날의 말들이 칼날로 돌아오고 그랬어요. 되게 안 좋은 이야기를 하는 분들도 많았거든요. '새파랗게 어린 게' 그런 이야기들이요." 팀이 없었으면 이겨내지 못했을 거란다. 옆에서 함께한 사람들이 주인공이고, 집단 속에 고은영이 있다는 것을 느꼈다.

물론 자신도 역할 수행을 잘했다고 평했다. 수만 가지의 시뮬레이션을 만들어 토론회 질의문답 훈련을 받았다. 하지만 토론회에서는 오롯이 혼자이고, 질문이 경우의 수 안에서 나오는 경우는 거의 없었다. 그런데도 적절하게 잘했다고 자평했다. 결국 토론회 훈련이 녹색당 정책 방향을 설정하는 일이었기 때문에 훈련받은 대로 주도권을 잡고 끌고 갈 수 있었다.

가장 녹색당다운 선거를 치른 하루

선거운동 마지막 주 토요일이었다. 성산으로 달려갔던 고은영은 예상치 못했던 현실과 마주해야 했다. 발을 옆으로 조그만 움직여도 떨어질 듯 아슬아슬한 트럭 위에 올라선 그는 90도로 마이크를 쥐고 연설을 시작했다. 초록색 운동화를 신고 쓰레기로 만든 트럭 위에 서서 연설하는 고은영의 모습은 구원자처럼 보였다. 하지만 정작 그가 마주한 건 아무도 없는 텅 빈 광장이었다.

"성산에 제2공항이 만들어지잖아요. 그날 갈팡질팡하던 민주당 후보자마저 제2공항 건설을 찬성하겠다고 했어요. 제가 제주 도지사 후보 중 제2공항을 반대하는 유일한 후보가 된 거예요. '빨리 성산으로 가야 한다, 주민들을 만나야 한다' 그런 생각으로 달려갔는데 아무도 안 나오신 거예요. 제2공항 건설처럼 반대하고 찬성하는 사안이 분명한 사안에 대해서 아무래도 지역 주민들은 선거유세 현장에 나오시는 걸 굉장히 꺼려하세요. 누군가에게 상처를 줄 수 있는 일이니까요. 그런 침묵의 시간을 보낼

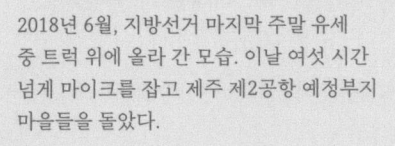

2018년 6월, 지방선거 마지막 주말 유세
중 트럭 위에 올라 간 모습. 이날 여섯 시간
넘게 마이크를 잡고 제주 제2공항 예정부지
마을들을 돌았다.

때였는데 그때 제 나름의 대변인이었던 그 지역 출신인
20대 친구가 고은영 후보가 연설하는데 오라고 가족과
친구를 부른 거예요. 그런데 이 친구가 그날 하루 종일
울먹울먹하더라고요. 제2공항을 반대하는 유일한 후보인데
성산에서마저 사람들이 이렇게 나오지 않는다고요."

그날은 원래 사람들을 딱 한 번 조직해서 시청 광장에서
크게 선거운동을 할 계획이었다. 도지사 후보로 나온 만큼
가시적인 걸 한번 만들자는 의견을 받아들였다. 고은영은
물론 모든 선거운동원들이 전화하느라 눈코 뜰 새 없었다.

"그렇게 대규모 선거운동을 치를 예정이라 사람들이
전부 전화기 붙들고 있었어요. 사람들에게 나오라고
알려주느라고요. 그런 상황이었는데, '미안하다. 대규모
선거운동을 안 하고 성산으로 간다. 성산에서 주민들을
만나겠다' 재공지했어요. 지금은 많은 사람들을 모아놓고
우리 힘을 보여주는 것보다 성산으로 가는 게 중요하다고
판단했어요. 제2공항 건설을 반대하는 도지사 후보는
녹색당밖에 없으니까요. 조직 선거운동을 폐기하고 우리는
성산으로 간다고 한 거예요."

하지만 그걸 다 아는 성산의 주민들마저 나오지 않았다.
그곳에 가족과 친구가 있는 20대 청년이 미안하기도 하고
그런 상황이 슬퍼서, 본인도 마이크를 잡고 말을 했다.

기록을 맡았던 동갑내기 친구는 어떻게 이렇게 사람이 없을 수가 있냐고 힘들어했다. 성산에 고은영을 아는 사람들도 많았기에 그러했다.

"트럭 위에 올라가서 연설을 하고, 성산읍 구석구석을 지나다니면서 마이크 잡고 운동을 했거든요. 듣고 계시는 거 다 알고 있다고, 고은영 왔다가 간다고."

그는 더 이상 말을 못하고 울음을 터트렸다. 겨우 마음을 진정시킨 뒤에 "정당 투표는 녹색당을 해달라고 호소했다"고 말을 이었다. 도의원 한 명이라도 보내서 제2공항이 건설되지 않도록 끝까지 싸우겠다고 피력했다.

그의 정성에 하늘이 감동한 것일까. 당시에 찍었던 영상이 사람들의 입에 오르내리면서 많은 사랑을 받았다. 피 토하는 심정을 지역 주민들이 공감하셨다는 이야기 아니겠냐고 말했다. 투표율도 다른 지역보다 성산읍이 더 높았다. 아무도 없는 곳을 고은영이 돌고 있었다는 걸 다들 알고 계셨기에 나온 결과란다.

"저는 아무도 없을 걸 알고 있었지만 행동으로 래디컬함을 보여드리는 게 제 역할이라고 생각했어요. 그날이 가장 녹색당다운 선거를 치른 하루였던 것 같아요. 그때 나왔던 영상도 엄청 사랑받았고. 그때 나온 사진들은 정말 의도하지 않은 사진들이었어요. 우리가 그렇게 했기 때문에 지금 제2공항 건설 반대운동을 두 번째 국면에서 할 수 있는 거 같아요. 도민들에게 진정성을 인정받았거든요. 시청에서 수백 명 모으려고 전화하고 있다가 폐기하고 간 거였는데, 잘한 거였다고 생각해요. 지금도요."

아낌없이 빼앗아 평등하게 나누는 기술

정치인 고은영이 꼽는 자신의 장점은 무엇일까? "대면형 정치인이란 거요. 비대면일 때보다 마주하고 대화를 나눌 때 더 좋게 평가해주시더라고요. 제2공항 건설을 찬성하는 분들도 저의 정치적인 의견을 존중하고 소통이 가능하다고 생각하시거든요."

비결은 뭘까? 그냥 이야기를 나누다보면 그 사람에 대해 알게 되는 게 있단다. 눈치를 보는 것과 다르다. 어떤 사안에 대해 의견이 다르다 해도, 같은 사회에서 함께 살아가는 사람들이라고. 그러면 공통되는 부분이 분명 있기 마련이다. 대화를 나누다보면 그런 게 보인다. 더 나아가 그 사람이 갖고 있는 강점 또한 파악이 된다. 직관력과 순발력이 좋은 사람의 특징 같다.

"굳이 '페미니즘' '생태주의' '비건주의' 같은 단어를 쓰지 않아도, 상대방과 이야기하고 관점을 나누면서 제가

정치인으로서 하려는 걸 보여드리면 바꿀 수 있는 게 많은
거 같아요. 사람들이 바꾸고 싶어하는 내용을 잘 정리해서
대신 전해주는 것이 제가 정치인으로서 잘할 수 있는 일
같거든요. 말하자면 제가 민심의 경로가 되는 거죠."

고은영은 팬심을 자극한 후보이기도 하다. 특히 선거
중반에 들어서면서 40~50대 여성들의 지지가 바람을
일으켰다. 이들이 고은영에 열광한 이유를 선거 중반에
나름 분석했다. "제주에서 여성들이 정치적 주체로서
호명되지 못했던 세월이 너무 길었잖아요. 경제 주체로서는
오랫동안 혹사되어왔는데요. 고은영이라고 입양아 같긴
한데 딸 같은 사람이 나와서, 요망지게, 제주말로는
야무지게라는 말인데, 똑똑하게 저렇게 나와서 하는 게 딸
가진 중년 이상의, 경제활동만으로 호명되었던 여성들에게
박수받을 일이 아니었을까 분석을 했었죠."

2018년 7월부터 1년 넘게 제주 KBS의 시사 프로그램에
출연하면서 그는 이제 지역에서 친숙한 사람이 됐다.
횡단보도나 카페에 있으면 일부러 와서 악수를 청하는
사람도 있다. 90퍼센트가 '어머니들'이다. 그럴 때마다
행복하다. 누군가에게 희망을 줄 수 있는 사람이 되어
무척 뿌듯하다. 그래서 다음 선거에도 꼭 출마하고 싶다고
밝혔다.

2019년 11월, 서울 강남 도산공원 사거리
자동차 전시장 앞에서 내연기관차 즉각 중단을
외치며 연막탄 기습 시위를 벌이는 모습.

"선거가 끝난 뒤에 비로소 권력이 뭔지 알겠다"는 고은영은, 무슨 의미인지 묻자 "권력으로 뭔가를 바꿀 수 있다는 말"이라고 답했다. 아울러 사람들의 마음을 어떻게 지키게 하는지도 배우게 됐다고 덧붙였다. "제가 사회적으로 권한을 못 갖고 있는 사람이잖아요. 의원이거나 도지사처럼 권한이 있는 사람이 아니죠. 그런데 권한은 없지만 영향력은 있구나, 권력을 갖고 있구나 선거가 끝난 다음에 알았어요. 나는 어떤 태도와 관점을 개발해야 하는지, 함께하는 내 '영걸'들과 수많은 강점들을 가진 청년들에게 어떤 경로로 존재해야 하나 고민하고 있어요. 그런 역할을 하려고 노력하고 있고요."

고은영은 자신은 팀 안에서 스피커 역할을 하는 사람이라고 말했다. 팀을 너무나 중요하게 생각하기에 진정성을 잃지 않으리란 확신이 있다고 밝혔다. "'고은영 옆에 권력자들이 있다' '고은영 팀이 많이 교체가 된다' 그런 게 바로미터일 거 같아요."

고은영은 스스로도 평가하듯 순진하게 선거를 치렀다. 그러하기에 그가 품은 진정성이 더 돋보였을 것이다. 어찌됐든 1년 6개월 사이에 훌쩍 성장했다. "아까 자유한국당 가만 안 두겠다고 했잖아요. 권력의 특성을 나누려면 아낌없이 빼앗아와야 한다고 생각해요. 다 가져와야 한다고 생각해요. 한 사람에게 편향되게 과중하게 몰려 있는 게 문제잖아요. 나누는 게 당연한 것이고 그것이 기술이란 생각이 들어요."

정치인 고은영은 이제야 어떤 일을 해야 할지 보인다고 말했다. 후배들을 양성하기 위해 할 일도 알겠단다. 정치인은 정치인의 기술이 있어야 하니 그걸 갈고 닦는 게 앞으로의 숙제다. 이 과정에서 어떤 관점과 태도를 채택할 것인가가 중요하다. 고은영은 "지금의 팀을 바꾸면서 자신만의 세력을 만들려고 할 때, 진정성을 잃고 위험해지지 않겠냐"고 희미한 웃음을 지어 보였다.

레퍼런스 없는 정치인

녹색당은 제7회 지방선거 자금을 시민후원으로 모았다. 그리고 이 과정에서 녹색당이 페미니스트 정당이라는 걸 내걸었다. 고은영은 당이 자신을 페미니스트라고 호명할 때, '맞네' 하고 고개를 끄덕였다. 전에는 페미니즘에 대해 '타자'였고 '지지자'에 머물렀다. 페미니즘 책을 읽을 때도 그런 입장에서 읽었다. 깊이 알지 못한다고 생각해서였다. 그런 기간이 꽤 길었다. 그러던 중 갑자기 페미니스트로 호명을 받았다. 선거가 끝난 뒤, 페미니즘이 뭘까 맹렬하게 붙잡는 시간을 보냈다. 그는 페미니즘을 성찰의 도구로 삼게 됐다.

"페미니즘이 자기 성찰에 대한 부분이 많더라고요.
그런 부분이 먼저 많이 다가왔어요. 정치를 하려면
자기를 알아야 하더라고요. 정말 머리끝부터 발끝까지,
외모부터 마음까지 명확히 자기를 알고 있어야 제가 다음
행보를 그릴 수 있는 게 정치예요. 그래서 모든 사람들이
페미니즘을 공부했으면 좋겠어요. 자기 성찰을 할 수 있는
도구거든요."

고은영은 글을 쓸 때 "뭍의 사람들이 제주를 먹고
마신다"라는 표현을 쓰는데, 페미니즘이 그런 것
하나하나를 볼 수 있게 해줬다. 한마디로 페미니즘은
관계를 보게 했다. 그는 제주에서 페미니즘의 렌즈로 국가
권력을 바라봤다. 권력자는 모두 남성이었다. 남성화된
토건 권력을 바라봤다. 그 안에서 경제적으로 착취당했지만
발언권은 없던 제주 여성들도 들여다봤다. 흑돼지들을
생각하고, 팔려나가는 물을 보게 되었다. 페미니즘은 싸움의
동력이기도 하다.

"제2공항 건설 반대 때문에, 몇 달 동안 제주도청 앞에서
천막 치고 농성하는 사람들을 보면, 주요 멤버는 다
여성들이에요. 그들은 페미니즘이라는 렌즈로 국가 권력을
보거든요. 그래서 싸워야 하는 대상이 명확해요. 기성
정치나 운동에서 채택한 언어는 여성의 언어는 아니었던 것
같아요. 우리는 우리의 언어로 싸우고 있어요. 그게 제주의

생태, 동물들과의 관계를 회복할 수 있는 방법이기도
하고요."

녹색당은 원내 진입 정당이 아니라서 보조금도 못 받는다.
그러다보니 고은영이 어떻게 정치인으로 살아갈지
걱정하는 사람이 많다. "저 같은 레퍼런스가 없죠. 지역에서
계속 활동하는 전 도지사 후보이자 작은 정당의 젊은 여성
후보. 이런 여러 교차성 가운데 절반이라도 매칭이 되는
정치인이 없어요." 그래도 그의 정치 공간은 제주다. 절대
안 움직인다. '좀비 정치인'으로 열심히 한다는 마음이라고
밝혔다.

고은영은 그런 마음으로 제주의 온갖 집회에 다 간다.
불러주는 전국의 집회들에도 웬만하면 참여한다. 연대의
마음으로 함께한다. 제주 제2공항 건설을 반대하는 싸움도
계속하고 있다. 방송 패널로 나가기도 한다. 다른 '영걸'들을
위한 커뮤니티를 만들어주는 일도 한다.

영걸들의 커뮤니티는 어떤 모임인지 물었다. 고은영은 예를
들어 설명했다. 정치를 하고 싶어하는 20대 여성이 있었다.
면세점에서 일을 하는 인권 감수성이 높은 사람이었다.
고은영은 그에게 "면세점 직장 내 괴롭힘 문제를 가져가라.
현장을 연결해주겠다"고 제안했다. 그리고 면세점에서
일했던 경력이 있는 녹색당 당원들을 소개해주고, 자신은

빠졌다. 스스로 모임을 꾸려나가며 정치세력화를 해나가길
바랐다.

"자기 의제를 찾고 싶은데 의제를 찾지 못하는 영걸을 돕고
있어요. 같이 공부하는 2030 페미 모임들도 있고요. 여기서
지역, 노동, 청년, 여성이라는 네 가지 교차성에 대한 관점을
계속 키워가고 있어요."

재정 탓에 직접 교육을 할 수 있는 여건이 안 되면, 전
지구적으로 연결된 녹색당의 네트워크를 활용해 아예
글로벌 인턴십에 지원할 수 있도록 경로를 만들어줬다.
"녹색당이 전 세계에서 유일한 글로벌 정당이잖아요. 그런
부분에서 도움을 받을 수 있죠."

최근에는 방송인이라는 말을 자주 들어 속상하다고
말했다. 그 이야기가 자신을 굉장히 무력하게 만든다고
토로했다. "제가 정치인이기 때문에 최대한 방송에 나가는
거예요. 방송에 나가서 의제들의 스피커 역할을 하고, 나의
관점을, 정치인의 태도를 보여주고 싶거든요. 그런데 이런
제 의지가 어떤 사람들에게 인정되지 않는 걸 보면, 내가
부족하거나 발버둥쳐도 낙선자의 삶은 어쩔 수 없는 거라는
마음이 들어요. 방송인이냐는 이야기를 들을 때 되게
무력해요. 실제로 낙선자니까, 제 권한이라는 건 방송에서
밖에 없더라고요." 고은영은 자신 같은 레퍼런스가 없으니까

어려움이 크다고 말했다. 어떤 때는 방송을 그만두고
현장에서 싸워야 하는 건 아닌가 싶다. 지역에서 역할이
있다고 생각하니 더 그렇다.

제주 녹색당은 '강성'으로 유명하다. 급진적 행동을 많이
보여주는 곳이다. 고은영은 출마한 다음부터는 일정 부분
함께할 수 없는 행동도 있다고 생각하게 됐다.

"저는 시민으로서 할 수 있는 것이 있고, 정치인이 할 수
있는 것이 있고, 교차 지점이 있고, 채택을 하기에는 위험
부담이 있는 것이 있다고 생각해요. 마지막 후자는 되도록
안 하려고 하고 있어요."

점거가 대표적이다. 그런 부분에 대해 많이 아쉬워하는
활동가들이 있다. 변했다고 말하는 이들도 있다. 하지만
자신에게 역할이 생겼기에 어쩔 수 없다고 밝혔다. 강성
운동을 하는 정당에서 대중 정치인 역할을 하는 것이
자신이 해야 할 일이라고 생각한다. "주민들에게 '왜 이렇게
하냐면요' 하고 말해줄 수 있는 대중 정치인으로 남고 싶은
거예요. 거기 피켓 들고 서 있는 사람이 아니라요. 이건
진짜 가치 판단의 문제이기도 해서 오해가 생기지 않도록
설득하는 게 중요한 것 같아요."

아직까지 정치를 시작한 걸 후회하지는 않는다. 정치를
하면 헤아려야 하는 게 좀 더 많아지고, 그런 사회를 더 잘

볼 수 있기 때문에 오히려 주변 사람들에게 정치를 권한다. 혹은 정치적으로 사고하기를 권한다.

"아까 권력을 이해한다고 했잖아요. 아울러 정치에서는 적대가 기본이라고 말하기도 했고요. 그렇지만 문제를 해결해나가는 과정에서 누군가가 상처받지 않도록 하는 것도 정치인의 역할 같아요. 그래서 말도 조심해서 하게 되고 문제를 해결하려고 할 때도 예전에는 '찬성하면 낙선이다' 하고 치고 나갔는데 지금은 시위할 때는 하더라도 집회가 끝난 뒤에는 시 관계자들에게 정중하게 인사하고 나오는 사람이 됐죠."

고은영은 이제 여러 가지를 고려해 행동할 수 있는 사람이 됐다. 활동가 시절에는 내 주장이 옳기 때문에 다른 사람도 내 주장을 받아들여야 한다고 생각했다. 정치가는 다르다. 대중 정치인이 되려면 다른 사람의 삶이 어떤 방식이든 이해하려고 노력하는 태도가 필요하다. 적과도 웃으면서 악수를 할 수 있게 됐다. 전에는 못했다.

"지금 악수를 거부하고 피켓을 들고 소리를 치면 저는 민원인이 되는 거예요. 제가 그 자리에서 속이 문드러져도 악수를 하고 어깨를 펴는 게 곧 내 주변 사람들의 지위를 올려주는 일이라는 것을 알게 됐어요. 저는 그런 것들을 자연스럽게 아는 거 같아요."

그런 일들에 대해 불편해하는 주변 사람이 많다. 비판하는 사람도 있다. 타협적이고, 수정주의적이라는 것이다. 하지만 고은영은 자신의 생각대로 지역에서 행동하려고 노력한다. 강성인 녹색당은 다른 생각을 하는 사람을 적대하는 면이 강하다. 고은영도 그중 한 명이었다. 그 동력으로 지방선거도 치를 수 있었다. 하지만 지금 자신의 역할을 그렇게 찾았다. 하지만 때론 동료가 뭐라 하는 말에 휘둘리기도 한다.

"속이 문드러져도 생각이 다른 사람들과 이야기하며 우리의 생각을 전달하는 게 사실 굉장히 힘들어요. 굉장히 힘든데 이게 맞다고 생각하기 때문에 고수하고 있어요. 생각이 다른 사람들과도 대화하는 모습을 계속 보여줘야지 작은 정당이 커갈 수 있어요. 녹색당의 당원들은 정말 다양하고 평범한 사람들인데, 우리 마음속에 정치혐오가 있거든요. '그래, 저럴 줄 알았어' 하는 거요. 그럴 때 '아니야. 내가 그런 생각 때문에 이렇게 하는 게 아니야' 설득하며 제 삶을 잘 보여줘야 정치혐오가 줄어든다고 생각해요."

그는 자꾸 주변에 휘둘려서, 심사숙고하며 혼자 결정하는 훈련을 하고 있다. "정신 차려보면 또 누구 얘기를 듣고 있더라고요. 이런 게 반복되다가 2019년 초부터는 글을 읽거나 다른 사람의 말을 들을 때 그것을 비판적으로 사고하고 선별해서 수용할 수 있는 틀이 탁 잡힌 것 같아요. 그것에 영향을 많이 준 게 페미니즘과 녹색당이라는 정당에서 사고하는 패턴이에요."

정치인으로서 그의 최종 목표는 뭘까?

"사람의 태도, 조직의 태도, 정치의 태도 같은 걸 중요하게 생각해요. 사람들이 녹색당의 고은영을 생각할 때 '그 정치인은 괜찮았다. 다시 보고 싶다. 사람들에게 희망을 줬다' 하는 이야기를 듣는 게 제 목표예요."

고은영은 자신의 딜레마나 부딪힘을 사회문제로 보지 못한 이유를, 정치인에게 실망한 탓에 갖게 된 정치 무관심에서 찾는다. "사람들이 자신의 어려움을 내 서사의 불편함 정도로만 생각하지 않도록, 그렇게 권력에 무지하고 의심 없이 살아가지 않도록 정치에 희망이 있다는 걸 보여줄 겁니다."

7장

페미니즘은 나의 일용할 양식

조주은

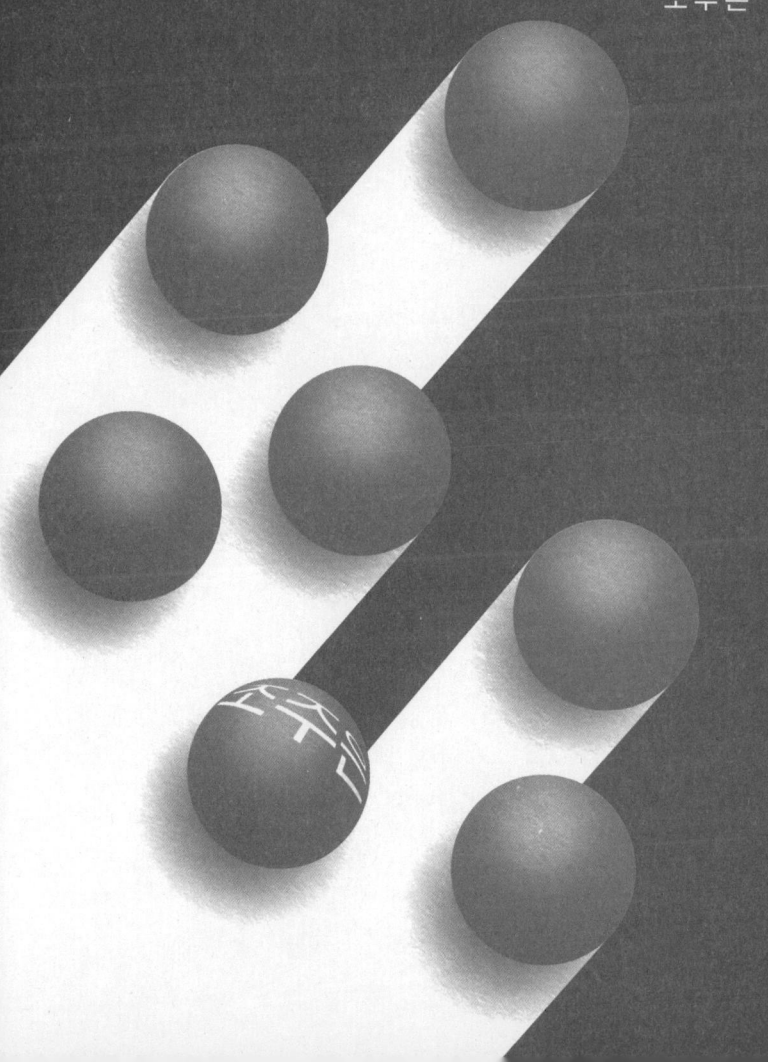

종암동에서 가장 좋은 집

"종암동에서 가장 좋은 집이여." 그가 세 살부터 살던
일본식 2층 양옥집을 이웃 어른들은 그렇게 불렀다. 봄이
되면 하얀 목련이며 노란 개나리가 붉은 철쭉과 더불어
장관을 이뤘다. 정원과 현관을 잇는 대리석 계단은 그 집의
자랑거리였다. 그는 계단 끝에 앉아 정원 꽃 비단길 위에
살짝 앉은 잠자리를 넋 놓고 바라보곤 했다.

"이런 집에 처음 와봐." 친구들을 데리고 오기라도 한
날에는 아이들이 어찌나 부러워하는지 저절로 어깨가
으쓱해졌다. 어머니는 항상 친구들을 반갑게 맞아주었다.
금방 쪄서 내온 고구마를 먹고 정원에서 뛰어놀다보면
어느새 땅거미가 졌다. "내가 데려다줄게." 그는 히죽대며
손을 붙들고 친구 집을 향하던 기억이 난다고 말했다. 남들

앞에서 당당하게 설 수 있는 자신감은 어릴 적 좋았던 교우관계에서 비롯되는 것 같다고 덧붙였다.

"어머니가 복을 많이 쌓으셔서 그런지 자녀들이 모두 공부를 잘했어요. 집안도 소위 '명문 집안'이란 말을 들었고요. 어떻게 보면 완벽한 가정인거죠." 전문직인 아버지와 전업주부인 어머니, 다섯 명의 아이들까지. 전형적인 서울 중산층 가정이다. 하지만 '스위트홈'에는 이면이 있다. 그가 학창시절을 보낸 1970년대의 한국은 사회가 져야 할 비용과 책임을 모두 가족에게 떠넘기며 압축 성장을 했다. 그 비용과 책임은 전적으로 어머니들의 몫이었다. 아버지들에게 요구된 건 일터에서 성실한 직장인이 되라는 것, 그뿐이었다. 부모가 가정을 함께 일궈야 한다는 생각은 싹을 찾아보기 어려웠다. 일터에서는 성실하지만 가정에 충실하지 않은 남자가 많았다.

"아버지가 술에 취해 오셔서 어머니와 싸우는 모습을 종종 봤어요. 얼핏 들리는 소리가 '또 어디 갔다 오는 거냐'고 어머니가 아버지에게 묻는 말소리였어요. 당시에는 통행금지가 있었잖아요. 12시가 되면 아버지가 집에 오셨는데, 신발 벗고 들어오기 무섭게 두 분이 다투실 때 어린 나이에 너무 공포스럽고 무서웠어요. 화장실에 가서 덜덜덜 떨었던 기억이 있어요."

1971년 다섯 살 무렵, 종암동 집에서.

한바탕 난리가 난 다음 날에도, 해가 밝아오면 소리 없이 일어나 어머니는 하루를 시작했다. 아이들의 도시락을 싸고, 층계를 쓸고, 이불에 풀 먹이고, 잡초를 뽑았다. 어머니의 일상은 하루 종일 일, 일, 일이었다. 어린 눈에도 어머니가 힘들어 보였다. 못 해 먹겠다 불평할 만도 한데, 매번 큰소리를 내는 사람은 어머니가 아니라 아버지였다. 그렇게 어머니의 희생 속에 일군 가정이지만 단란한 가정이라 생각했다. 하지만 자라면서 중산층 핵가족의 이면이 보이기 시작했다.

"우리가 흔히 단란하다고 이야기하는 중산층 핵가족 말이에요. 남자는 생계부양자, 여자는 전업주부인 모습요. 스위트홈의 이미지잖아요. 하지만 그 스위트홈의 이미지 속에 그것을 연출하기 위해 행해지는 일방적인 여자들의 양보, 인내, 희생 같은 것들을 제 눈으로 본 거예요."

그가 남들과 다른 결혼을 한 이유도 그런 까닭에서다. "보통 여자가 남자보다 학력이나 경제적 배경이 더 못한 경우가 많잖아요. 가부장적인 관계에서 남녀가 만나다보니까. 저는 오히려 소위 '상향혼'을 하면 처음부터 내가 움츠러들고 평등한 관계가 안 될 것 같았어요. 그래서 저는 그런 조건 하나도 안 봤어요. 서로 평등하게 협상하고 살아갈 수 있는 사람인가 그것만 봤어요."

1990년 이화여자대학교 사학과를 졸업한 조주은은 작은 무역회사에 입사했다. '미스 조'로 불리면서도 악바리 근성으로 '탱크' 소리를 들으며 열심히 일했다. "90년대만 해도 직장에서 '미스 조' 하고 부르던 때였죠. 그때 회사 전무님이 '우리 미스 조는 탱크다, 탱크' 이렇게 말씀하셨어요. 추진력 있다고요."

하지만 좀 더 의미 있는 일을 하고 싶어 직장을 그만두고 나서 우연히 일간지에서 본 정치학교 교육생 모집 기사를 봤다. 매주 두 번씩 8주간 교육을 받았다. 한국사회를 바라보는 관점을 배울 수 있었고, 말이 통하는 사람들과 교류할 수 있어 즐거웠다. 권위적이지 않은 그들과 어울리며 어떻게 인생을 살아야 할지 고민했다. 그곳에서 남편을 만났다. 무리 속에 섞여 있던 그가 달리 보이기 시작한 건 1992년 무렵이었다. 중산층 가정에서 자란 조주은과 달리 그는 부유하지 않은 집안에서 자랐다. 체격이 작고 말랐던 그는 하고 싶은 일에 대한 열정이 남달랐다.

"남편이 노동 현장에 들어가고 싶어했어요. 실제로 출판 제작 기술을 배우는 곳에 들어갔었고요. 그런데 한두 달 있다가 그만두더라고요. 너무 열악하대요. '여기는 평생직장으로 다니기에는 어렵겠다' 그러더라고요. 그때는

1986년 이화여대 사학과 첫 고적 답사.

평생직장이란 말을 하던 때였으니까요."

1993년 봄, 남편은 그에게 울산으로 내려가겠다고 했다.
현대자동차 직업훈련소에서 직업훈련 교육생을 모집한다고
했다. 그로부터 1년 후, 남편이 현대자동차 공장 생산직
노동자가 되었다. 해를 넘기지 않고 결혼한 조주은은
남편을 따라 울산으로 내려갔다.

노래방만 가면 이상하게 변하더라고요

"남편이 노동 현장에서 노동운동을 시작했어요. 소위원부터
시작했죠. 동료들을 집으로 데려오곤 했는데, 제가 반갑게
맞아주고 술도 같이 마시고 하니까 우리 집에 늘 손님이
끊었어요." 사람들은 "서울에서 온 형수님인데 되게
소탈하고 잘해주신다"며 그를 좋아했다.

울산 생활은 즐거웠다. "아버지가 집안 여자들을 엄청
구속했어요. 여자들은 아예 외박 금지에, 집에는 밤
10시까지 들어와야 했으니까요. 어디를 제대로 다녀보고
놀러 가본 기억이 없어요. 여행을 다녀본 경험도 없고.
그런데 울산이라는 데 가서, 낮에는 혼자 있잖아요. 혼자
돌아다녀보고. 저녁에는 사람들이랑 술도 한잔하고, 이야기
나누고. 그런 게 재밌더라고요."

그는 남편이 좋은 노동운동가가 되는 데 도움이 되는 일이라면 모든 지원을 다했다. 의미 있는 일이라고 생각했다. "서울에서 자랐다, 이대 나왔다, 그런 걸 기득권이라고 보는 사람이 있잖아요. 그래서 울산에 내려갈 때 다 내려놓고 갔어요."

현대자동차 공장에서 일하는 사람들은 대체로 고등학교를 졸업하고 생산직 노동자가 된 남성들이 많았다. 그 부인들도 시골에서 고등학교를 마치고 경리 같은 여성 직군의 일을 하다 선봐서 결혼한 경우가 다수였다. "우리가 스물여덟에 결혼을 했거든요. 그런데 울산 와서 보니까 현대자동차 공장 생산직 노동자 부인들은 제 나이 때에 모두 학부모가 돼 있더라고요. 애들이 다섯 살, 여섯 살, 일곱 살쯤 되는 거예요. 저러러 이때까지 서울에서 뭐하다 결혼을 이렇게 늦게 했냐고 그랬어요."

남들 눈에 기득권자로 보일 만한 껍데기를 모두 벗어놓고 울산에 내려왔기 때문에 동료들과 한마음으로 어울리며 살아가려 애썼다. "그 사람들은 다 고졸인데 '저는 어느 대학 나왔어요'라고 얘기할 필요 없는 거고요. 나도 모르게 튀어나오는 언어 습관을 고치려고 애썼어요. 사람을 만나면 몇 학번이냐 이런 걸 물었는데 몇 년생이냐고 말하는 걸로 바꾸고. 그때 제가 긴장을 했던 게 습관이 돼서 쓰는 언어가 많이 바뀌었어요."

남편의 직장 동료들과 집에서 맥주를 마시며 이야기 나누다 "그렇게 사회화가 돼서"라고 말이 튀어나왔다. 사람들이 가고 나면 남편은 "사회화라는 말은 대학 나온 사람들이 쓰는 거지 고등학교 나온 사람들은 안 쓰는 말"이라고 알려줬다. "계급에 따라 쓰는 언어 습관이란 게 있잖아요. 고치려고 애썼어요. 제 기득권을 다 내려놓고 살았던 거 같아요."

조주은은 의도한 일은 아니지만, 아이를 연년생으로 낳고 울산에서 살면서, 진보 노동운동가들의 삶을 알게 됐다. "현대자동차는 가장 강성인 현장조직이거든요. 그런 강성 노동운동가들이 같이 투쟁하다가 뒷풀이한다고 노래방에 가면 모두 이상하게 변하는 거예요."

노래방에서 한 곡조 뽑다가 '삐삐아줌마'를 불러 함께 유흥을 즐기는 게 그곳의 놀이문화였다. 노래방에서 놀다가 "아줌마 좀 불러주쇼" 그러면 노래방 주인이 삐삐를 친다. 10여 분이 지나면 아줌마들이 룸으로 들어왔다. 그들을 '삐삐아줌마'라고 불렀다. 말하자면 지금의 노래방 도우미다. 노동운동가들이 아줌마들을 붙들고 '브루스'를 췄다. "오죽하면 남편이 그러더라고요. 여기는 술 먹고 2차는 무조건 노래방 가는 거라고. 거기 가면 그렇게 강성이었던 사람들도 '삐삐아줌마'를 부둥켜안고 '브루스'를 춘다는 거예요." 집단적인 동료애로 똘똘 뭉친 이들의 놀이문화는 노래방에서 삐삐아줌마와 어울려 노는, 여성을 성 상품화한 문화였다.

특히 조주은은 "울산 지역에서 '삐삐아줌마' 관련 사건이 많았다"고 말했다. 현대자동차 노조 사무국장이 노조 소식지에 '삐삐아줌마'에 대한 일종의 변론을 써서 문제가 됐다. 한국 전통에 노래와 풍류를 즐기는 문화가 있지 않느냐며 '삐삐아줌마'가 그런 전통문화를 연결해주고 있다고 기고한 것이다. 노조 간부가, 그것도 노조 소식지에 성차별적인 내용을 기고한 탓에 울산 지역이 발칵 뒤집어졌다.

조주은은 울산에서 노동운동가들의 이중성을 보며 우리 사회의 마지막 식민지는 여성이라는 걸 느꼈다. 울산에 내려갈 때만 해도 앞으로 펼쳐질 일에 대한 기대감으로 마음이 차올랐다. 이스트를 넣어 빵빵하게 부풀어 오르는 반죽처럼 팽팽히 오른 마음 한편엔 '노동운동에 대한 확신'이 자리 잡고 있었다. 노동운동을 통해 사회가 바뀌면 여성 문제도 해결될 것이라고 믿었다. "노동자가 주인되는 세상을 만들면 다 해결될 줄 알았어요. 그런데 여자들의 삶은 안 바뀌더라고요. 가사노동이나 육아 모두 여성 몫이었어요. 여자들을 성적 존재나 살림하고 애 키우는 사람으로만 받아들이더라고요. 제가 남성 노동자들을 너무 낭만적으로 바라봤어요."

연년생으로 낳은 아이를 키우면서 독박육아를 한 것도 페미니즘에 목마르게 했다. "이대를 나왔기 때문에 학부 교양수업으로 여성학 수업을 들었거든요. 페미니즘 세례는 받은 사람이었어요. 당연히 결혼하면 남편이랑 육아를 함께하겠다고 생각했죠."

알 수 없는 갈증

하지만 현실은 생각 너머에 놓여 있었다. 현대자동차 공장은 주간 연속 2교대 체제였다. 잔업이 일상이어서 오토바이를 타고 남편이 집에 오면 오전 8시 반이었다. 게다가 업무가 무척 고됐다. 수백 미터의 컨베이어벨트 위에서 자동으로 움직이는 차의 몸체 아래나 옆에 붙어 잠도 못 자고, 화장실도 제대로 못 가며 3,000여 점 부품을 조립해야 했다. 밤새 힘들게 일해 눈이 벌게져 집에 들어오는 남편에게 '가사분담을 하자' '밤새 애들이 자다 깨다 해서 나도 힘들었으니까 지금부터 쌀 씻어서 밥해서 먹고 자라'고 말할 수가 없었다.

밥을 하고 국을 끓였다. 식사를 차리면서 남들보다 덩치도 작은 남편이 밤새 컨베이어벨트를 타며 시달렸을 육체를 따뜻한 아침 식사로 풀었으면 하는 바람도 한 줌 가졌다. 조주은은 밤새 일하다 아침에서야 들어와 자는 남편을 안 깨우려고 14개월 차이 나는 연년생 아이들을 큰 애는 유모차에 태우고 막내는 포대기에 업어 무조건 밖으로 데리고 나갔다. 뚜렷한 목적지가 없어 근처 공원과 거리를 헤맸다. 같은 이유로 나온 수많은 현대자동차 공장 생산직 노동자 부인들을 만났다. 함께 공원 벤치나 후미진 곳에 가서 젖병을 물리거나 기저귀를 갈아주면서 하루를 보냈다. 해가 지는 저녁 무렵, 서둘러 집에 돌아와 부지런히 밥을 지어 남편에게 차려주었다. 저녁 준비를 하는 잠깐의 시간이 유일하게 남편이 아이들 얼굴을 보고 놀아주는 시간이었다. 격주로 오전과 밤, 근무 시간이 바뀌는 살인적인 노동환경 탓에 남편도 힘들었겠지만, 육아와 가사를 혼자 했던 조주은에게도 딱 죽어버리고 싶었던 시간이었다.

그 와중에 남편은 시간을 쪼개고 쪼개 노동운동을 했다. 남편은 노동운동가로 성장해갔다. 대의원이 되었을 때 파업을 했다. 현대자동차 공장의 생산 라인이 멈춰 섰다. 남편은 그 일로 잠깐 해직됐다가 정직 3개월로 징계 수위가 조절돼 다시 출근했다. 낯선 도시 울산에서, 노조 간부로 성장해가는 남편 옆에서 그는 알 수 없는 갈증에 시달렸다.

"'너는 노동운동을 하고 나는 여성운동을 하고 싶다. 그런데 여성운동을 하려면 내가 뭔가 이론적으로 무장돼 있어야 하는데 아는 것도 없고 혼자 책을 보려고 해도 머리에 안

1997년 울산 현대자동차 노동자 부인 모임.

들어오니 석사까지만 하고 내려오겠다'고 했어요. 그랬더니 남편이 하라고 그러더라고요."

조주은은 아이 둘을 데리고 서울 시가로 들어갔다. 울산에 남아 있던 그의 남편은 1998년 노란 봉투에 담긴 해고통지서를 받았다. IMF 외환위기를 이유로 강행된 대규모 정리해고에서 노조 활동을 열심히 했던 사람들이 희생자가 됐다.

그는 인생을 장애물 경주라고 말했다. 한 고비 넘겼다 생각하면 또 어려운 일이 일어난다고. 하지만 인생 전체를 두고 보면 어려웠던 경험으로 성숙해졌다. 오히려 더 좋은 방향으로 이끌었다. 쉰이 넘으니 그런 게 보인다고 덧붙였다.

연년생을 독박육아하느라 딱 죽고 싶었던 경험 덕분에 여성학을 공부할 의지를 불태웠다. 〈밥.꽃.양.〉 노조 외압 상영 불가'라는 프레임으로 5개월간 억울한 시간을 보냈던 경험은 그를 박사로 만들었다. 원래 계획은 석사만 하고 울산으로 돌아갈 계획이었다. 하지만 그 일을 겪은 후 서울에 남아 박사학위를 받았다.

〈밥.꽃.양.〉과 관련된 논쟁은 어떻게 시작된 걸까. 1998년 정리해고에 반발한 울산 현대자동차 노동조합은 파업 끝에 277명의 정리해고안에 합의했다. 그런데 그 277명에는 함께 총파업을 했던 '구내식당 아줌마' 전원이 포함됐다. 정리해고를 막기 위한 카드로 희생된 이들의 투쟁을 세밀히 쫓은 영화가 〈밥.꽃.양.〉이다. 그런데 이 영화가 당시 '제2회 울산인권영화제'에 초청됐다가, 현대자동차 노조의 외압으로 영화제 집행부에서 사전심의를 했다는 논란이 일며 영화 제작팀에서 상영을 거부했다. 구내 식당 아주머니들의 발언 도중, 현대자동차 노조 활동가가 그 마이크를 빼앗는 장면이 '문제'가 됐다.

조주은은 노동운동을 하던 남편 때문에 울산에서 이름이 알려진 인물이었다. 여성학을 공부하러 서울에 간 그가, 이 다큐멘터리를 서울에서 먼저 보고 당시 현대자동차 노조 간부였던 남편에게 미리 말을 해서, 상영을 불발시켰다는 유언비어가 등장했다. 에스엔에스(SNS)가 지금처럼 활성화되지 않았던 2000년대 초였는데도 인터넷 게시판이 뜨거웠다. 조주은은 이때 머리카락이 한 주먹씩 빠질 정도로 스트레스를 받았다. 공격에 가세한 사람 중 울산 지역에서 여성운동을 함께했던 인사도 있었다. 믿었던 사람들에게 느낀 배신감이 컸다. 등에 칼을 맞아 피가 철철 흘러내린다고 여겨질 정도였다. 시간이 흐르면서 진실은 밝혀지는 듯했지만 상처는 남았다.

논란으로 힘든 시기를 보냈던 그에게 지도교수는 "가장 잘 아는 이야기를 석사논문으로 쓰라"고 권했다. 그렇게 나온

논문이 나중에 《현대가족 이야기》로 출간됐다. 그는 자신이 경험한 '현대가족'을 이렇게 평가했다. 진보 노동운동가들은 여성을 상품화하는 놀이로도 동료애를 견고히 했다. 동시에 힘든 노동을 하는 자신들을 위로하고 밥을 차려주며 아이를 키워주는 아내들의 노동력 덕분에 보수적인 가정을 유지했다. 각종 프로그램을 만들어 회사도 보수적 가정을 유지하도록 도왔다. 결국 진보 노동운동가들의 가족 또한 한국사회가 권장하는 '가족 신화'의 축소판이고, 개인적으로는 돌파할 수 없는 거대한 시스템 안에서 돌아가고 있었다.

석사논문을 끝내자마자 울산에 내려가려던 원래 계획을 접고 박사과정을 시작했다. "《현대가족 이야기》가 주목을 받으면서 제 인생이 좀 바뀌었잖아요. 〈밥.꽃.양.〉 사건을 계기로 박사를 하게 됐고요. 저를 여성학자로 만들어줬어요. 그 일이 없었다면 저는 석사만 하고 울산에 내려가서 여성운동을 했을 거예요. 〈밥.꽃.양.〉을 제작했다가 상영이 불발된 감독과 제작팀의 상처는 이루 말할 수 없겠죠. 하지만 나 역시 이 사건으로 받은 상처가 컸기 때문에 울산으로 안 내려간 거예요."

그는 전화위복이 감사할 뿐이라며 원숙해진 건 덤으로 받은 선물로 받아들였다. "즉자적으로 대응하던 단점을 고치려고 노력하게 됐어요. 외압 논란으로 힘들었던 때, 내면의

2002년 이화여대 석사학위 수여식에서
남편과 아이들과 함께.

불을 꺼보라고 친구가 조언해줬거든요. 그 덕분에 내가 더 피폐해지고 사람이 꼬이고 피해의식이 많아질 수 있었는데 그렇게 되지 않았어요."

세상을 바꾸는 경험

노동자 계급 가정과 중산층 가정의 민낯을 본 경험은 여성학 공부를 하는 데 자양분이 됐다. 그가 박사과정을 시작한 2000년대 초, 초등학교 저학년 자녀를 둔 엄마들은 전쟁 아닌 전쟁을 한 달에 한두 번 치러야 했다. 학교에서 정한 급식 당번표에 따라 아이들 급식 시간에 밥을 퍼주러 가야 했기 때문이다.

초등학교 급식 제도가 실시된 건 1997년이다. 아침마다 도시락을 싸느라 고생하던 어머니들의 수고로움이 끝나는 것처럼 보였다. 실상은 그렇지 못했다. 식당이 없는 학교가 많았다. 조리실에서 만든 음식을 교실로 날라 아이들에게 나눠주는 일손이 추가로 필요했다. 아이들끼리 스스로 돕게 하기보다 '엄마 손'을 동원하는 방법을 택한 학교가 많았다. 매달 담임교사가 급식 당번표를 만들어 각 가정에 보냈다. 시간이 안 될 경우 서로 연락해 당번을 바꾸라며 어머니들의 전화번호를 알려줬다. 아예 시간이 안 되는 사람은 급식 도우미를 써야 하니 1만 5,000원을 내라고

공지한 학교도 있었다. 급식 당번은 보통 국과 밥을
떠주는 일로만 끝나지 않았다. 오후 수업이 없을 때는
남아서 청소까지 했다. 그러지 않으려고 해도 어머니들은
교사의 눈치를 자꾸 살필 수밖에 없었다. 자녀가
교사의 일거수일투족에 영향을 받는 초등학교 1, 2학년
아이들이라서 더 그랬다. 자신들의 모습에 자괴감이 들어
자꾸 화가 났다.

그는 초등학교 저학년 어머니들이 급식 당번을 맡는 것에
최초로 문제를 제기했다. 2004년 10월 어머니 급식 당번
폐지를 위한 모임(이하 폐지모임)을 다음 인터넷 카페에 만든
게 시작이었다. "저도 큰 아이가 2학년 때 두 달에 세 번꼴로
급식 당번을 하러 갔었거든요. 제가 가거나 남편이 갔어요.
둘 다 시간이 안 될 때는 2만 원을 드리고 시어머니께
부탁을 드렸어요."

이 문제가 심각하다고 느낀 건 2004년에 연구 프로젝트를
시작하면서부터다. 부천·인천 기혼여성 제조업 노동자들을
인터뷰하는 과정에서 노동자 어머니들이 겪는 가장 심각한
문제가 자녀 문제라는 걸 확인했다. 가장 곤란한 경우가
아이가 아플 때고, 그다음이 급식 당번을 해야 할 때였다.
노동자 어머니의 하루 일당은 2만 원이었다. 급식 도우미
비용과 비슷했다. 사무직 여성들이라면 점심시간에 살짝
다녀올 수도 있지만, 화장실도 제대로 못 가며 부품조립

라인에 하루종일 매달려 있어야 하는 생산직 기혼여성들은 자리를 비울 수가 없었다. 대부분 농촌 출신이라 시가나 친정에서 도움을 받기도 힘들었다.

학교에서 어머니들을 급식 당번으로 쓸 수 있다고 생각하는 바탕에는 어머니는 자식을 위해 언제라도 달려가야 한다는 이데올로기가 깔려 있다. 여성의 노동력은 언제든지 아이 어머니의 이름으로 불러낼 수 있다는 발상이기도 하다. 그는 급식 당번제가 어머니들을 육아의 전담자로 책임지우는 성별분업 사고를 강화시킨다고 비판했다. 동의하는 사람들이 꾸준히 폐지모임 카페에 가입했다. 호응과 지지가 뜨겁게 이어졌다. 급식 당번 차례가 되면 친정어머니, 시어머니, 친척, 도우미 이모님들까지 동원해 당번을 채워야 했던 학부모들이 앞다퉈 가입했다.

폐지모임은 전국 17개 교육청에 공문을 보냈다. 엄마들을 급식 당번에 동원하지 말라는 요구사항을 담았다. "급식 당번에 엄마들을 동원하고 있는 행태가 성차별적 사고라고 비판했어요. 앞으로 어떻게 할 건지 대안을 만들라고 요구했죠."

서울시교육청 앞에서 1인 시위도 했다. 시위 3일 만에 서울시교육청은 폐지모임 쪽과 면담을 했다. 각 초등학교에 '초등학교 저학년 배식 지도 공문'을 내려보냈다. 활동을 시작한 지 1년 만에 서울시교육청으로부터 당번제 폐지 약속을 받아냈다. 그는 그때 세상이 뒤집어지는 걸 목격했다고 말했다. 물론 꼼짝 않는 학교들도 있었다. 급식 당번제를 강제로 운영하고 있는 서울 시내 초등학교 세 곳을 국가인권위원회에 제소했다. 이런 노력 덕분에 어머니들이 하던 배식을 자율적으로 아이들이 하게 됐다.

조주은은 여성학과 박사과정 학생으로 공부하면서, 폐지모임 회원들과 게릴라처럼 2년 정도 함께 활동했다. "이해관계를 떠나 순수한 목적에 공감해서 오신 분들이거든요. 그런 분들을 만나 일을 하고, 뭔가 변화되는 걸 보면서 보람을 느꼈어요. 외압 논란 때 상처를 많이 받았잖아요. 그게 치유됐어요."

기획된 가족

페미니즘을 시작한 때부터 그의 관심은 가족이었다. 두 편의 학위논문에서도 한국사회의 가족을 연구했다. 석사논문은 《현대가족이야기》로, 성과에 민감한 신자유주의적 담론이 '수퍼맘'을 만들어내고, 성별분업에 근거한 보수적 가정이 유지된다는 분석을 내놓는 박사논문은 《기획된 가족》으로 출간됐다. 그런 그에게 한국사회가 성평등하게 변하고 있는지를 묻자, 흥미로운 이야기를 꺼냈다.

그는 "젊은 부부를 보면 육아에 대해서는 남자들의 생각이 많이 바뀐 것 같다"고 전했다. 국회에서 일할 때 단지 육아 때문에 몸무게가 8킬로그램 빠진 남성 조사관을 봤다고 덧붙였다. 6시가 되면 곧바로 퇴근해 애를 도맡아 봤다. 국회에 출근해 있는 시간 동안은 그 아내가 아이를 돌봤다. 철저하게 수량화된 방식으로 아이를 돌보는 모습을 보고 많이 바뀌었구나 생각했다. 여성가족부 남성 직원들도 육아를 열심히 한다고 전했다. 어린 자녀를 둔 남성 직원들은 자연스럽게 "빨리 퇴근해서 애를 봐야 한다"고 이야기한다. 남성도 아이 돌보는 걸 당연하게 받아들이는 분위기다.

하지만 이것만 두고 한국사회가 성평등하게 변화한다고 진단할 수는 없다고 본다. "제가 하나 우려하는 게 있어요. 요즘 남성들이 육아휴직을 해야 한다고 하잖아요. 그런데 저는 남자들이 육아휴직을 쓴다고 해서 평등한 돌봄, 성평등한 사회라는 가치에 그 사람이 합의해서 같이하는 거라고 생각하지 않아요. 그건 하나의 가족주의일 수 있거든요. 성평등이라는 가치와 가족주의라는 가치가 서로 경합하고 만날 수 있는 자리가 남성들의 육아 참여예요. 아니, 솔직히 지 새끼 지가 보는 게 무슨 성평등이겠어요.

지 새끼 지가 보는 건 너무 당연한 건데. 성평등이 아니라 당연한 걸 하는 거죠. 제가 볼 때 그건 가족주의예요."

그는 육아휴직을 열심히 쓰고 워라벨을 열심히 실천하는 남자들 가운데 성추행을 하는 남자들도 있다며, 남자들이 육아에 참여하는 것을 곧 성평등이라고 말할 수 없는 측면이 있다고 주장했다.

저출산에 대해서는 "연애파업 때문에 생긴 결과"라고 단호하게 말했다. 연애를 굳이 거부하진 않지만, 신자유주의가 몰고 온 청년실업, 성불평등 문제에 대해 벌어진 남녀 간 의식 차 때문에 점점 친밀한 관계 맺기가 어려워지고 있다는 것이다.

"이런 말이 조심스럽긴 한데요. 저는 자꾸 결혼을 권하는 것도 능사는 아니라고 생각해요." 오히려 결혼을 진지하게 생각해야 한다고 강조했다. "왜 결혼을 하고 싶은지 묻고 싶어요. 우리가 결혼을 안 했다 그러면 '왜 결혼 안 해?' 묻잖아요. 이혼하면 '이혼 왜 했어?'라고 쉽게 묻고요. 그런데 결혼한 사람한테 '왜 결혼했어?'라고는 잘 묻지 않잖아요."

한국사회에서 결혼은 중요한 규범이다. 결혼 중심 문화, 기혼 중심 문화가 있다. 결혼하는 걸 '당연한 일'로 받아들인다. "결혼하려는 이유를 질릴 정도로 자신과

파트너에게 물어야 해요." 그래야 명확한 자신의 욕구가
보인다. 결혼 제도 안에서 자신의 욕망이 충족될 수 있을지
잘 판단하는 게 중요하다. 서로 묻고 답하는 과정을 가져야
결혼이 서로에게 잘 맞는 옷인지 더 잘 결정할 수 있다. 특히
아이를 낳고 돌보는 일에 굉장한 책임이 따르기 때문에
신중하게 고민해서 나쁠 게 없다고 생각한다.

페미니즘은 일용할 양식

그에게 페미니즘은 '일용할 양식'이다. 정책을 세우거나
글을 쓰거나 토론을 할 때, 하나씩 꺼내 쓰기 때문이다.
"그걸로 공직생활을 벌써 10년 넘게 하고 있는 상황이니까
페미니즘은 나의 일용할 양식이 아닐까요?"

영화 〈기생충〉에서 배우 송강호가 "인생이 계획대로
되나?"라고 말하는 장면이 나오는데, 조주은은 그 대사에
100퍼센트 공감한다고 덧붙였다. 계획한 대로 인생이
풀리는 게 아닌 만큼 내가 대략 어떤 일을 하겠다는
'방향성'을 갖고 살아가는 게 중요하다는 말일 테다. 그가
공직 생활을 하며 제일 중요하게 생각했던 태도도 정책을
집행하는 방향성이었다. "여성학 박사학위를 받자마자 국회
입법조사관으로 일했어요. 바로 돈을 벌어야 했거든요.
그런데 국회에 박사학위를 받은 조사관만 있는 게

아니에요. 국회 사무처에서 주관하는 시험을 보고 들어온 분들이 더 많아요. 그분들이라고 왜 조사를 못하겠어요. 박사학위를 받은 입법조사관이 하는 일을 똑같이 해요. 그분들이 능력이 없다는 게 아니라, 그래도 박사학위를 받은 입법조사관의 차이를 꼽는다면 정책적 상상력을 갖고 방향성을 제시할 수 있다는 거예요. 그게 제일 중요한 태도라고 생각해요."

조주은은 2018년에 10년 가까이 일했던 국회를 떠나, 여성 정책을 다루는 핵심 부서인 여성가족부로 일터로 옮겼다. 당시 진선미 장관의 정책보좌관으로 2019년까지 일했다. 그리고 이후 경찰청의 첫 여성안전기획관으로 임명됐다. 명실상부한 페미니스트 관료다. 요즘 그가 고민하는 건 여성주의 리더십이다. 여성복지 정책에 대한 수요가 늘면서, 여성주의를 공부하고 실천했던 사람들이 제도화된 자리에 많이 들어가고 있다. 공직사회에서 여성주의 리더십을 잘 실현해 좋은 영향을 끼치려면 어떻게 해야 할까 고민한다. 어려운 점은 공무원들 중에 겉으로 드러내진 않지만 여성혐오를 마음에 품고 있는 사람이 많다는 것이다. 같이 잘 지내면서 페미니스트로서의 정체성이 훼손되지 않으려면 협상하고 스스로 성장해가는 게 필요하다. 전략과 전술을 잘 짜야 하는데 그런 부분이 고민이다.

공무원으로 일하는 페미니스트들을 보면 각개격파하고 있다는 생각이 든다고 전했다. 여성과 관련된 자리가 열리고 있는데 잘못하면 닫힐 수 있어서 어깨가 무겁다고 말했다. 그에게는 어렵고 힘들 때 길을 보여주었던 선배 페미니스트가 임나혜숙이었다. 그를 자주 생각한다.

임나혜숙 씨는 지역 MBC에서 첫 여성 국장이 된 인물이다. 지역 방송사에서 처음으로 노동조합을 만들기도 했다. 경상도 토박이말로만 쓰는 시사 프로그램 〈아구할매〉를 제작하고 진행해 지역민에게 큰 인기를 얻었다. 그는 페지모임에서 맏언니 역할을 톡톡히 했다. "자녀가 초등학생이 아니어서 직접 겪고 있는 일도 아니었어요. 그런데도 페지모임 1인 시위를 하려고 마산에서부터 올라오셨어요. 우리가 무슨 대단한 단체도 아닌데 애쓴다고 밥도 자주 사주셨어요. 그때 가진 게 참 없던 시절이었는데 그렇게 살뜰하게 챙겨주셨어요."

임나혜숙이 "엄마들이 애들 걱정보다 자신들의 행복을 위해 더 바빴으면 좋겠다"는 말도 자주 했다고 회고했다. 엄마들이 정치적으로 올바르며 여성의 행복을 위한 운동을 했으면 좋겠다는 바람을 지닌 사람이었다. "임나혜숙 선생님이 해주신 것처럼 저도 후배들한테 도움을 주고 싶죠. 그런 관계가 패거리 문화처럼 폐쇄적인 관계로

2018년 여성가족부 장관 정책보좌관 임명식.

2019년 경찰청 여성안전기획관 임명식.

변질되면 안 되겠지만요. 열심히 좋은 가치를 가지고 살아가려는 여성주의자 후배들한테는 좋은 멘토, 밥 사고 술 사고 인생의 정보를 주는 선배가 되고 싶죠."

정부에 입성한 페미니스트 맏언니로서 여성주의 리더십을 고민한다는 그가 꽃피울 리더십의 모습은 어떠할까? 분명한 건 그가 묵묵히 성평등 정책으로 말 걸기를 하며 뚜벅뚜벅 한 길을 걸어갈 것이라는 점이다.

페미니스트 비긴스

초판 1쇄 펴낸날 2020년 12월 3일
지은이 이은하
펴낸이 박재영
편집 이정신·임세현·한의영
마케팅 김민수
디자인 조하늘
제작 제이오
펴낸곳 도서출판 오월의봄
주소 경기도 파주시 회동길 363-15 201호
등록 제406-2010-000111호
전화 070-7704-2131
팩스 0505-300-0518
이메일 maybook05@naver.com
트위터 @oohbom
블로그 blog.naver.com/maybook05
페이스북 facebook.com/maybook05
인스타그램 instagram.com/maybooks_05

ISBN 979-11-90422-53-6 03300

이 도서의 국립중앙도서관 출판시도서목록(CIP)은 e-CIP홈페이지(http://nl.go.kr/ecip)와
국가자료공동목록시스템(http://www.nl.go.kr/kolisnet)에서 이용하실 수 있습니다.
(CIP 제어번호 : CIP2020050166)

책값은 뒤표지에 있습니다. 잘못된 책은 바꾸어 드립니다.

만든 사람들
책임편집 이정신
디자인 조하늘